公路桥梁单元式多向变位伸缩装置

徐斌 徐速 丁勇 编著

人民交通出版社

北京

内 容 提 要

本书系统讲解了一种创新型的公路桥梁伸缩装置——单元式多向变位伸缩装置的概念、结构、性能及工程应用。全书共分7章，首先提出了现代桥梁结构的伸缩装置要求，然后介绍了各类不同的桥梁伸缩装置及其优缺点。分析了桥梁伸缩装置的强度和疲劳寿命，阐述了单元式多向变位伸缩装置的技术要求与制造工艺、安装与养护以及工程应用。最后，展望了单元式多向变位伸缩装置的未来发展、创新意义以及其在重大桥梁工程中的应用示范价值。本书对单元式多向变位伸缩装置的技术原理、结构形式、制造工艺、安装与养护作了系统讲解，并对其工作性能进行了理论分析。

本书可作为广大公路桥梁伸缩装置管理、研究、设计、施工、养护人员的技术参考书，也可以作为桥梁工程、交通工程、土木工程、工程管理等专业高年级本科生或研究生的参考教材。

图书在版编目(CIP)数据

公路桥梁单元式多向变位伸缩装置/徐斌,徐速,丁勇编著. —北京:人民交通出版社股份有限公司,2024.10

ISBN 978-7-114-18196-2

Ⅰ.①公… Ⅱ.①徐… ②徐… ③丁… Ⅲ.①公路桥—伸缩装置—研究 Ⅳ.①U448.14

中国版本图书馆CIP数据核字(2022)第166088号

书　　　名：	公路桥梁单元式多向变位伸缩装置
著 作 者：	徐　斌　徐　速　丁　勇
责任编辑：	崔　建　姚　旭
责任校对：	赵媛媛　卢　弦
责任印制：	刘高彤
出版发行：	人民交通出版社
地　　　址：	(100011)北京市朝阳区安定门外外馆斜街3号
网　　　址：	http://www.ccpcl.com.cn
销售电话：	(010)85285857
总 经 销：	人民交通出版社发行部
经　　　销：	各地新华书店
印　　　刷：	北京市密东印刷有限公司
开　　　本：	787×1092　1/16
印　　　张：	14.25
字　　　数：	336千
版　　　次：	2024年10月　第1版
印　　　次：	2024年10月　第1次印刷
书　　　号：	ISBN 978-7-114-18196-2
定　　　价：	68.00元

(有印刷、装订质量问题的图书,由本社负责调换)

序

在人类文明的发展史中,桥梁是人类由此岸到达彼岸的重要媒介。中国造桥历史可以上溯到西周时期,发展到汉代,桥梁的四种基本桥型——梁桥、浮桥、索桥、拱桥便已全部产生了。著名的英国科技史学者李约瑟博士在《中国科学技术史》一书中,对中国古代这四种桥型的发展都作了详细的评述和考证,他认为中国古代桥梁的辉煌成就曾在世界桥梁发展史中占有重要的地位。

国盛则桥盛。改革开放四十多年来,我国交通科技创新日新月异,交通基础设施建设取得举世瞩目的历史性成就。我出生在浙江东部,象山港和三门湾融流,天台山与四明山交汇的宁海县。作为一名改革开放的亲历者、参与者和受益者,切身感受到"要致富,先修路"对百废待兴时期的国家和人民的特殊意义。1992年,我走下讲台,积极投身到科技创新和实业报国的时代洪流中来。三十年如一日,我专注桥梁领域自主创新,从桥梁伸缩装置到桥面铺装持续探索、迭代创新,由当初的一名普通教师蜕变成一名扎根桥梁领域的一线科技工作者。我的主要创新创业经历大致分为三个阶段:

技术探索期(1992—1995年):20世纪90年代初期,我发现中国开始兴建高速公路,进入交通领域创业是一个机会。创业初期,我主要生产、加工石油化工行业橡胶制品,同时也一直关注交通行业发展,逐渐了解到当时我国桥梁伸缩装置"清一色"从国外进口。后经人介绍,于1994年受让交通部重庆公路研究所的无缝伸缩缝专利技术,生产的第一批无缝伸缩缝于1995年用于沪宁高速公路,由于技术还不成熟,公路使用一年不到就大面积损坏。因受让技术产业化失败,300多万元打了水漂,不仅几年的积蓄血本无归,还四处举债,可谓经历了艰难创业。

自主创新期(1996—2006年):国内无技术可用,国外技术严格封锁,几乎陷入绝境!我在总结失败中意识到,技术必须依靠自己。于是,我带领初创团队,见桥就爬,见桥洞就钻,调研分析世界上桥梁伸缩装置现状,遍访全球专家讨教,潜心研发。1999年,我随国内桥梁领域权威专家参观国内某重点工程国外伸缩缝厂家现场施工时,专家参观团被远远拦住不让靠近,理由是担心我们"偷技术"!同时,我也从专家口中了解到,钢箱梁桥是未来大跨径桥梁发展的大趋势,除了伸缩缝,还有包括钢桥面铺装材料在内的大多数技术都被国外"卡脖子"。虽然当时大家倍感"屈辱",但谁叫我们技不如人呢?这也更加坚定了我誓要研发出中国人自己的桥梁伸缩装置的决心。我开始有意识地关注钢桥面铺装技术,但技术创新首先要思维创新。我在当老师时,对中国传统哲学有一定的研究,这为我后来的研发工作在理念上带来很大帮助。针对我国幅员辽阔、重(超)载等特殊交通通行状况,我和技术团队以国外进口模数式伸缩装置设计缺陷为创新原点,根据中国古代道家哲学思维,创造性提出了"以柔克刚,主动顺应"的创新原理。功夫不负苦心人,我于2002年自主研发出RB第一代单元式多向变位桥梁伸缩装置。众所周知,以老子为代表的道家哲学强调以柔克刚,其实是一种"弱德"智慧。该智慧强调要善于对客观事物作出主动性适应,而非被动性应付。而我们的技术思想,便来源于这种智慧。RB单元式多向变位桥梁伸缩装置采用梳齿结构、每米一块的模块化设计,首创了以简支、轴转、球链等方式实现多向变位技术,能主动顺应桥梁梁体的复杂变位,用以柔克刚的方式释放和化解外力对伸缩装置的影响,大大延长了伸缩装置的使用寿命,提升了驾乘人员的行车舒适度和安全性能,成功实现了"刚柔相济,大道至简"的技术境界。2005年,经国内权威专家鉴定,该技术国际领先,一举打破国外垄断。该技术先后荣获国家技术发明二等奖、中国专利金奖、世界知识产权组织(WIPO)最佳发明奖以及交通部重大科技创新成果推广项目等重点荣誉。

创新发展期(2007年至今):我深知持续创新是推动技术进步的制胜法宝,市场应用是实现创新价值和检验技术水平的最有效途径。

我抢抓加快建设交通强国机遇,根据不同桥梁应用场景,研究开发出环保降噪型、减震抗震型、无混凝土型、可调高型、全密封型等迭代创新的多功能性伸缩装置,加大市场推广应用。2008年5月,当时的世界第一跨径的跨海大桥——杭州湾跨海大桥建成通车,该桥全线采用单元式多向变位桥梁伸缩装置,总价相比国外进口产品报价节约超过50%,更引以自豪的是大桥通车至今十余年,实现了伸缩装置主部件"零更换"的奇迹。我们的产品以高质量、高性能、高寿命、高性价比以及运维方便等优势,一炮打响,赢得市场高度认可,现已成为港珠澳大桥、南沙大桥、五峰山公铁大桥、非洲第一大桥莫桑比克马普托大桥等众多"世界之最"工程的首选。2008年,该技术转化为交通行业标准《单元式多向变位梳形板桥梁伸缩装置》(JT/T 723—2008)正式颁布。如今,该项技术在大型桥梁伸缩装置市场的占有率超过65%,为我国桥梁建设直接和间接节约造价超百亿元资金,而且已走出国门,服务全球,为推动世界桥梁伸缩装置技术进步和桥梁事业健康发展贡献了绵薄之力。

创新成果得到推广应用,是对科技企业和科技工作者的最大肯定和最高褒奖。我们的桥梁伸缩装置有幸应用于家门口的"世界第一"项目,得益于祖国日益繁荣强盛,受益于国家和全社会对自主创新的鼓励支持,对此我心存感恩并倍受鼓舞。回忆起交通部专家团莅临公司指导评审时激动而感慨的陈词:"徐斌,你为中国桥梁人争光了!我们的伸缩缝不再受人欺负了!但是,有许多技术还是受制于人,比如钢桥面铺装仍然被国外垄断,也是桥梁界的难题。你有技术,会钻研,要是能研发出属于我们自己的钢桥面铺装技术,你对国家和行业的贡献就更大了。"专家的信任和鼓励,极大激发了我挑战世界难题的雄心。从2008年开始,我潜心钻研10余年,先后投入超2亿多元,自主研发出一种全新的"去沥青"化技术体系——ECO改性聚氨酯铺装系统技术。采用改性聚氨酯类材料,常温现场生产施工一体化,颠覆了长期主导国内外桥梁工程高温搅拌碾压的沥青类技术体系,为世界桥梁铺装提供了一种全新的技术路径和解决方案。在反复实践和全面论证的基础上,我们研制了成套自动化施工装备、工艺和检验规范,有效克服了沥青类钢桥面铺装没有高低温选配度、施工条件苛刻、层间结合差等问题,不仅降低了建设成本,而且也大大延长了使用寿命。2015年,自我们的桥面铺装首次全桥应用以来,分别在上海闵浦大桥、宁波明州大桥、武汉杨泗港大桥、大连机场、温州瓯江北口大桥等众多维修和新建项目中应用,经与国外技术对比应用,质量和使用价值等,优势均明显胜出同行。其属"双碳"科技创新技术,被列入国家关键新材料发展工程、交通运输部重大科技创新成果推广项目、中国民用航空局课题等,特别适用于公路、铁路、机场等大基建市场,且具有低资源、低能耗、低排放的经济和生态效益。

  创新无止境,科技进步需要全社会共同持续推进。随着世界桥梁技术飞速发展,桥梁建设日益向长大化、大跨径趋势发展,亟须融合新一代信息技术等前沿科技。面向世界桥梁科技的未来,我将秉承创新初心,把桥梁伸缩装置和桥面铺装当成一个有机的"生命体"看待。中华传统医学有一个很重要的理论,就是整体的生命观。这既是一种医学智慧,也是一种生命智慧。基于整体观的生命智慧,我们提出"全生命周期+生态"的系统理念,目前,我们正在紧锣密鼓地开展"特大型钢桥行车性能提升成套技术研发及应用"等集成性课题,致力为桥梁建设和健康通行提供全生命周期的系统性方案。当今,中国正在从桥梁大国向桥梁强国迈进,我们愿与中国桥梁界同行一起努力,不断创造中国桥梁技术的新辉煌。

  梁启超先生曾说,"学术乃天下之公器"。本书是我30年来对桥梁伸缩缝技术探索与创新实践的总结。本着开放、交流、互鉴、共享原则,我愿意通过本书把我们的技术向全社会公开,期望和桥梁界的同行一道共同为技术进步和社会发展作出正向价值贡献。本书如有不足或不妥之处,恳请专家学者批评指正!

  是为序。

徐　斌

2023年12月18日

目录

第 1 章　概述 / 001
　1.1　桥梁伸缩装置的功能与类型 / 001
　1.2　桥梁伸缩装置的特点与服役现状 / 019

第 2 章　单元式多向变位伸缩装置的技术创新 / 027
　2.1　桥梁结构对高性能伸缩装置的要求 / 027
　2.2　单元式多向变位伸缩装置的结构及性能 / 034
　2.3　单元式梳齿板式桥梁伸缩装置的新进展 / 061
　2.4　单元式多向变位伸缩装置的减振降噪与健康监测 / 074

第 3 章　桥梁伸缩装置的强度与疲劳寿命 / 082
　3.1　桥梁伸缩装置的力学模型 / 082
　3.2　桥梁伸缩装置的动力响应与强度分析 / 094
　3.3　单元式多向变位伸缩装置的疲劳寿命分析 / 109
　3.4　JCF80 连梁锚固防冲击梳齿伸缩装置强度分析 / 116

第 4 章　单元式多向变位伸缩装置的技术要求与制造工艺 / 119
　4.1　单元式多向变位伸缩装置的技术要求 / 119
　4.2　单元式多向变位伸缩装置的材料要求 / 121
　4.3　单元式多向变位伸缩装置的生产制造工艺 / 128
　4.4　单元式多向变位伸缩装置的性能检测 / 133
　4.5　单元式多向变位伸缩装置的整体性能测试实例 / 138

第 5 章　单元式多向变位伸缩装置的安装与养护 / 141
　5.1　单元式多向变位伸缩装置的安装 / 141
　5.2　单元式多向变位伸缩装置的养护 / 160
　5.3　伸缩装置维护与修复的施工方案 / 162
　5.4　伸缩装置使用状态评估表 / 165

第 6 章　单元式多向变位伸缩装置的工程应用 / 168
　6.1　杭州湾跨海大桥 / 168
　6.2　港珠澳大桥 / 170
　6.3　嘉绍大桥 / 172

  6.4 芜湖长江公路二桥 / 176

  6.5 南沙大桥 / 181

  6.6 五峰山长江大桥 / 184

  6.7 张靖皋长江大桥 / 190

  6.8 各类城市高架桥 / 192

  6.9 单元式多向变位伸缩装置在房屋建筑上的应用 / 194

第7章 单元式多向变位伸缩装置的发展展望 / 198

附录A 国家技术发明二等奖 / 201

附录B 中国专利金奖 / 202

附录C 交通运输部科技成果推广项目 / 203

附录D 世界知识产权组织WIPO最佳发明奖 / 204

附录E 2023年度中国公路学会科学技术一等奖 / 205

附录F 浙江省科学技术二等奖 / 206

附录G 国家重点工业新产品 / 207

附录H 国家火炬计划项目 / 208

附录I 国家制造业单项冠军示范企业 / 209

附录J 国家服务型制造示范企业 / 210

附录K 国家知识产权优势企业 / 211

附录L 中国公路学会科学技术特等奖 / 212

附录M 浙江制造"品字标"认证 / 213

附录N 宁波市科学技术二等奖 / 214

附录O 宁波市科学技术进步一等奖 / 215

参考文献 / 216

第 1 章

概　　述

桥梁伸缩装置是现代桥梁结构的重要组成部分,主要用于适应桥梁结构由于热胀冷缩、混凝土收缩与徐变、汽车、风、地震等荷载作用下的桥梁端部位移,避免由于桥梁变形受到约束而产生附加应力,并保证桥上车辆通行的安全性与舒适性。本章主要讲述桥梁伸缩装置的功能与类型,并介绍各类桥梁伸缩装置的特点与服役现状。

1.1　桥梁伸缩装置的功能与类型

1.1.1　桥梁运动及其对伸缩装置的需求

桥梁是地标性建筑物,一经造成,便屹立大地;桥梁又是运动的结构物,车辆、温度、风雨都会导致桥梁结构的运动,正如中国桥梁工程的重要奠基人茅以升先生所说:"桥的运动是桥的存在形式"。桥梁的运动使其端部产生一定程度的位移,从而提出了对桥梁伸缩装置的需求。导致桥梁结构运动的因素主要有以下几方面,伸缩装置也需要适应相应的桥梁运动形式。

(1)温度变化导致的桥梁运动。

图 1.1 所示为桥梁的基本结构,由于材料的热胀冷缩,该结构在温度升高时会膨胀、温度降低时会收缩,这种运动会改变桥梁结构的长度和宽度。因此,往往需要在桥梁的端部设置结构缝,用来适应桥梁的胀缩变形。但是,这种结构缝需要承受车轮荷载的反复作用,因此,仅在桥梁端部设置结构缝是不够的,必须设置能够支撑移动车辆荷载的伸缩装置。

图 1.1　桥梁的基本结构

除了温度升降导致的桥梁胀缩变形外,阳光照射下,桥面与桥底、阳光侧和背光侧之间还会产生温差,这种温差会导致桥梁结构的弯曲变形,从而对桥梁端部的伸缩装置也提出适应弯曲变形的要求。

(2)收缩、徐变导致的桥梁运动。

对于混凝土桥梁,混凝土长期的收缩会导致桥梁变形;如果施加了预应力,则还有混凝土徐变导致的桥梁运动,这些运动也都会作用于桥梁伸缩装置。

(3)车辆荷载导致的桥梁运动。

车辆是桥梁结构承担的主要荷载,竖向的车辆荷载主要导致桥梁结构的弯曲变形,水平方向的车辆荷载则由车轮的摩擦力和冲击力导致。此外,由于车辆是一种移动荷载,且其本身也有振动,因此还将导致桥梁结构的振动,这种振动主要是上下的弯曲振动。

(4)风荷载导致的桥梁运动。

风荷载可以分解为不随时间变化的平均风和随时间变化的脉动风。平均风导致桥梁结构的静力变形。脉动风则可能导致桥梁结构横向弯曲、竖向弯曲和扭转振动。对于100m以下的中小桥梁,风荷载导致的桥梁运动不明显,但对于大跨径的悬索桥、斜拉桥等柔性结构桥梁,风荷载导致的桥梁运动非常显著。以2019年建成的南沙大桥(虎门二桥)为例,如图1.2所示,它是一座主跨1688m的悬索桥,在以风荷载为主的各类荷载作用下,桥梁端部将产生顺桥向、横桥向、竖向、水平转动、竖向转动、扭转转动等六个自由度及以上的大幅运动,因此,对桥梁伸缩装置的性能提出了非常高的要求。

图1.2 南沙大桥

(5)地震导致的桥梁运动。

地震波包含纵波、横波和面波,纵波的传播距离近,主要影响震中地区,导致桥梁结构的竖向运动;横波的传播距离远,影响区域广,主要导致桥梁结构的水平运动;面波是由纵波与横波在地表相遇后激发产生的混合波。其波长大、振幅强,只能沿地表面传播,是导致桥梁破坏的主要因素。

综上所述,桥梁结构在温度升降、车辆行驶、材料性能演变等各种外部和内部作用下,可能产生胀缩、弯曲等各种类型的运动。这些运动造成相邻桥跨之间、桥跨与接线道路之间的不连续、不平顺现象,影响桥梁结构的交通功能。为此,我们需要在桥梁与接线路面之间、连续布置的桥梁结构之间设置伸缩装置,以适应桥梁结构的运动需求,为行驶车辆提供一个连续、平顺的交通支撑面。

1.1.2 现代大跨径桥梁对伸缩装置的新挑战

近年来,随着科技和建设需求的不断变化,桥梁结构正向着大跨径方向发展。桥梁跨径越大,桥梁的各种运动越复杂,变位量也越大,桥梁伸缩装置的重要性更加凸显,其研发、制造、安装的难度日益增大。因此,现代大跨径桥梁对伸缩装置提出了新的挑战。

截至2023年底,世界上四大桥型的最大跨径桥梁如表1.1所示。由此可见,混凝土梁桥的最大跨径已经超过300m,拱桥跨径已经超过550m,斜拉桥跨径超过1100m,悬索桥跨径则超过2000m。已经建成的部分世界最大跨径桥梁如图1.3所示。

四大型梁的最大跨径桥梁　　　　　　　　　　　　表1.1

桥型	桥名	主跨(m)	桥址	建成年份
混凝土梁桥	石板坡长江大桥	330	中国	2006
拱桥	平南三桥	575	中国	2021
斜拉桥	俄罗斯岛大桥	1104	俄罗斯	2012
悬索桥	恰纳卡莱1915大桥	2023	土耳其	2022
	张靖皋长江大桥	2300	中国	在建

a) 混凝土梁桥——石板坡长江大桥

b) 拱桥——平南三桥

c) 斜拉桥——俄罗斯岛大桥

d) 悬索桥——恰纳卡莱1915大桥

图1.3　已经建成的部分世界最大跨径桥梁

除了跨径,桥梁的宽度也在增大,2019年建成的北京长安街西延线新首钢大桥,桥面最宽处达到了54.9m,宽度为当时全国第一,约为南京长江大桥的2.7倍,如图1.4所示。

不仅如此,当前的桥梁工程还在向着更长、更宽的方向迈进。如图1.5所示,主跨1176m的双层斜拉桥——常泰长江大桥(中国江苏)已于2019年开工,预计2024年建成,将成为新的世界第一斜拉桥。如图1.6所示,世界第一主跨2300m双塔两跨吊悬索桥——张靖皋长江大桥(中国江苏),其主桥用的超大跨径缆索承重桥梁大变位自适应模块式伸缩装置伸缩量超3120mm。如图1.7所示,主梁宽度78m、跨越沱江的柳林大桥(中国四川)已于2021年开始建设,建成后将超越目前的吉尼斯世界纪录,成为全世界最宽的大桥。

图1.4 新首钢大桥

图1.5 在建世界最长斜拉桥——常泰长江大桥(效果图)

图1.6 在建世界第一跨径悬索桥——张靖皋长江大桥
(效果图)

图1.7 在建世界最宽桥梁——柳林大桥(效果图)

截至2023年底,跨径在千米以上的悬索桥已有37座,跨径在千米以上的斜拉桥已有4座,2000米级的恰纳卡莱1915悬索桥建成,5000米级悬索桥、1500米级斜拉桥已在研究中。展望未来,随着琼州海峡跨海通道、渤海海峡跨海通道、台湾海峡跨海通道、白令海峡跨海通道、直布罗陀海峡跨海通道等超级工程的规划,桥梁结构必将向着更大跨径迈进,大量的超级桥梁将会投入规划、设计。

综上所述,随着桥梁跨径和宽度的增大,桥梁端部的运动与变形随之增大。以温度变化导致的胀缩变形为例,1000米级桥梁的胀缩变形已经达到1m以上,目前最长的2000米级悬索桥,仅温度变形就达到2m以上;对于未来的5000米级桥梁,其温度变形将达到5～6m,这远超目前桥梁伸缩装置的伸缩范围。不仅如此,桥梁跨径越大,结构越柔性,在地震、强风等极端条件作用下,桥梁端部将产生多个方向的超大幅度平动和转动等,这对于桥梁端部的伸缩装置提出了新的、严峻的挑战,要求其仍然能够适应桥梁结构的这种大幅度运动要求而不损坏,同时为行驶车辆提供一个连续、平顺的交通支撑面。因此,未来的桥梁伸缩装置,必须通过持续不断的技术进步,应对未来桥梁的新挑战。

1.1.3 桥梁伸缩装置的功能

根据前面的讨论,桥梁伸缩装置主要是用来适应桥梁结构的运动,因此其必须具有足够的位移功能;此外,桥梁伸缩装置还必须具有承受汽车荷载、长期正常使用等多种功能,这些功能综合汇总如下。

1) 位移功能

因为桥梁结构的运动是多方向的,所以桥梁伸缩装置需要能够适应桥梁结构在纵向、横向、竖向、弯曲、扭转等多个方向的变位要求。其中纵向变位主要是由桥梁结构的热胀冷缩、混凝土及预应力混凝土的收缩与徐变导致,也可以由桥梁纵向的地震作用导致;横向变位主要由作用在桥梁结构上的横向风荷载导致,或者由桥梁横向的地震作用、曲线桥梁的胀缩率和切向力差等因素导致;竖向变位则由车辆等的桥面上竖向活荷载导致,也可由竖向的地震作用、桥梁基础的不均匀沉降、桥梁拉索不协调变形导致;弯曲变位主要由桥面与桥底之间的温差、车辆荷载、风荷载等导致;扭转变位则由桥梁单侧活载、风荷载、地震等作用导致。桥梁伸缩装置需要适应的主要桥梁运动类型如图1.8所示。

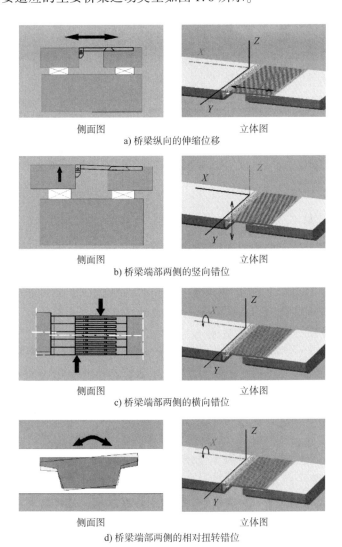

图 1.8

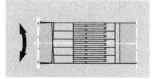

桥梁变形图　　　　　　　　　梁端水平转动图
e) 桥梁端部相对水平转动

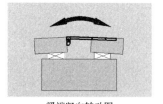

桥梁变形图　　　　　　　　　梁端竖向转动图
f) 桥梁端部相对竖向转动

图1.8　桥梁伸缩装置需要适应的主要桥梁运动类型

一般而言，纵向变位是伸缩装置首先需要适应的桥梁运动，也是桥梁伸缩装置选型时的主要参考因素。当桥梁运动使伸缩装置产生显著的水平向和竖向转角位移时，伸缩装置应该具有水平转动、竖向转动以及扭转功能，相关的工作要求可以参见各国的规范与标准，例如行业标准《单元式多向变位梳形板桥梁伸缩装置》（JT/T 723—2008）、《公路桥梁伸缩装置通用技术条件》（JT/T 327—2016），欧洲标准《公路桥梁伸缩装置》（ETAG—032）。特别是对于大跨径斜拉桥、悬索桥等柔性结构，应该通过专题研究确定桥梁伸缩装置的多向变位需求，并进行变形性能监测。

2）支撑功能

桥梁伸缩装置还需要能够承受桥面荷载，并将这些荷载可靠地传递到桥梁主体结构上。作用于桥梁伸缩装置上的荷载主要包括汽车、列车、非机动车、行人等。因此，桥梁伸缩装置必须具备一定的支撑功能。

在汽车等移动荷载作用下，桥梁伸缩装置各部件及连接应安全可靠。因此，需要对汽车车轮作用下的桥梁伸缩装置进行极限状态验算，防止承载能力极限状态下的强度破坏，以及正常使用极限状态下的变形与振动超标。

3）耐久性能

在正常设计、生产、安装、运营养护条件下，桥梁伸缩装置应具备一定的长期使用耐久性。行业标准《公路桥梁伸缩装置通用技术条件》（JT/T 327—2016）要求桥梁伸缩装置的设计使用年限不应低于15年，当公路桥梁处于重要路段或伸缩装置结构特殊时，伸缩装置设计使用年限宜适当提高。欧洲标准《公路桥梁伸缩装置》（ETAG—032）则提出了各种桥梁伸缩装置的预期工作寿命分级，如表1.2所示，其中进行工作寿命评估时，按照5000万辆车/年的通行量来计算。

桥梁伸缩装置的工作寿命　　　　　　　　　　　　　　　　　　表1.2

工作寿命分级	工作寿命（年）	工作寿命分级	工作寿命（年）
1	10	3	25
2	15	4	50

为了达到预期的使用寿命,桥梁伸缩装置必须具有一定的抗疲劳能力,按照《公路桥梁伸缩装置设计指南》(JTQX-2011-12-1)的要求,可以对桥梁伸缩装置进行疲劳试验,疲劳试验的加载频率不应大于5Hz,疲劳次数不应小于200万次,荷载为标准车轴荷载。

除此以外,为了自身和桥梁结构的耐久性,桥梁伸缩装置应具有可靠的防水、排水系统,防水性能应符合注满水24h无渗漏的要求。考虑长期服役,桥梁伸缩装置还应该具有抗腐蚀、抗老化以及一定的抵抗地震等极端灾害的能力。

4)环保性能

随着人民群众对环境保护要求的提高,桥梁伸缩装置还应该具有环境保护的特性,这不仅体现在桥梁伸缩装置的生产过程要采用环保工艺、使用环保材料,更要求桥梁伸缩装置使用过程中能减少交通噪声的产生,降低噪声对于周边环境的影响。

5)可持续发展性能

近年来,可持续发展理念也深入桥梁工程。对于桥梁伸缩装置,其可持续发展要求桥梁伸缩装置容易保养、易于替换。考虑到桥梁伸缩装置的寿命比桥梁主体结构的寿命短得多,因此桥梁伸缩装置需要具备可替换性能,付出较小的代价即可实现桥梁伸缩装置的保养与替换,实现桥梁结构的可持续发展。

1.1.4 桥梁伸缩装置的类型

按照结构和材料上的特点,桥梁伸缩装置可以区分为多个种类,以下介绍常用的桥梁伸缩装置类型。

1)板式橡胶伸缩装置

板式橡胶伸缩装置由橡胶和钢板叠合而成,如图1.9所示,由钢板作骨架,利用橡胶剪切量低的原理设计制造而成,由橡胶的剪切变形来适应桥面的伸缩位移,且水平(拉伸与压缩)反力小,对桥跨结构有利。板式橡胶伸缩装置可以分段组装,螺栓连接,接缝平整。

a) 实物图

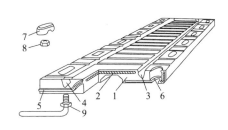
b) 结构图

图1.9 板式橡胶伸缩装置

1-橡胶;2-加强钢板;3-伸缩用槽;4-止水块;5-嵌合部;6-螺帽垫板;7-腰形盖帽;8-螺帽;9-螺栓

板式橡胶伸缩装置常用伸缩量为30~80mm,最大可到200mm。由于橡胶具有一定的弹性,因此车辆的冲击作用较小。板式橡胶伸缩装置需要注意橡胶的老化问题,选用耐磨、耐老化的橡胶材料,以经受车辆的反复荷载,延长使用寿命。另外,该伸缩装置与梁体的锚固系统过于薄弱,经常出现整块橡胶板脱落,因此现在很少使用。

2) 无缝伸缩装置

由于伸缩装置的破坏非常严重,因此桥梁工程专业人士提出:"最好的伸缩缝就是没有伸缩缝",即在可能的情况下,取消桥梁伸缩缝是最佳选择。因此,人们提出并在桥梁上安装了无缝伸缩装置,如图1.10所示。

图1.10 安装无缝伸缩装置的实桥

TST 无缝伸缩装置是一种典型的无缝伸缩装置,其结构如图 1.11a)所示。它的主要结构是 TST 型弹塑性体和碎石。该伸缩装置靠弹性体的弹性变形在水平面内起伸缩作用,适用于桥梁端部的伸缩量在 60mm 以内的情况。但是,该类伸缩装置在实际工程中受车辆碾压和冲击作用后,因弹塑体软化或弹性材料与碎石之间的离析,伸缩装置表面容易凹凸不平并出现破裂损坏,如图 1.11b)所示,抗疲劳性能较差。目前,该类装置仅在城市道路的轻载交通情况下少量应用。

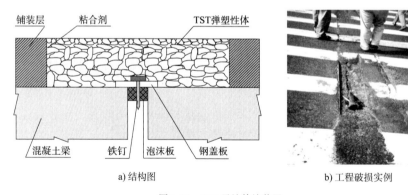

a) 结构图　　　　　　　b) 工程破损实例

图1.11 TST 无缝伸缩装置

聚氨酯填充式伸缩装置是另一种无缝伸缩装置,其结构如图 1.12 所示。它的主要结构由聚氨酯伸缩体(或聚合橡胶伸缩体)、稳定元件、折弯钢板、锚固螺栓、垫块、盖板等组成。在弹性伸缩体内增加稳定元件(水平控制弹簧),提升产品的伸缩均匀性和承载性能。但在实际工程中受车辆碾压和冲击作用后,构造缝上方的钢盖板易出现变形和冲击异响,表面容易凹凸不平并出现开裂损坏,如图 1.13 所示,抗疲劳性能较差。同时,因为梁体热胀冷缩或与荷载叠加作用,梁端缝隙发生的拉伸、压缩会直接导致路面的下陷或隆起。以 PA80 型无缝伸缩装置为例,其安装槽口尺寸为650mm×60mm(宽×深),拉伸或压缩位移量±40mm,产品在拉伸极限状态时,伸缩装置低于路面3.5mm;在压缩极限状态时,伸缩装置超出路面3.9mm。

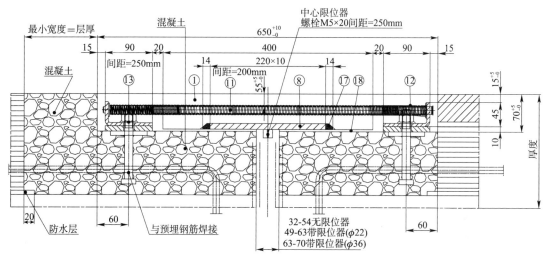

图1.12 聚氨酯填充式伸缩装置(尺寸单位:mm)

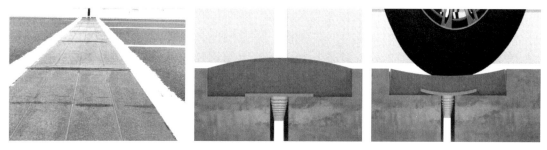

图1.13 聚氨酯填充式伸缩装置变形损坏示意图

对于连续布置的多跨简支梁桥,可以用连续桥面伸缩装置来连接相邻的简支梁,从而实现无缝化。图1.14所示为连续桥面无缝伸缩装置的一种形式,由于取消了相邻梁端之间的伸缩缝,两侧桥梁的胀缩位移将由多跨简支梁桥起点和终点梁端的有缝伸缩装置承担,如果做成全无缝桥的形式,则由连接桥两端的设缝路面承担。

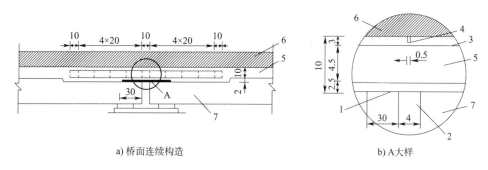

图1.14 连续桥面无缝伸缩装置(尺寸单位:cm)
1-沥青隔离层;2-塞泡沫板;3-加强钢筋;4-梳缝填;5-现浇桥面层;6-沥青路面;7-主梁

总体来说,无缝式伸缩装置建议只在伸缩量60mm以下,并无重载车辆的工程中适当选用,不适合用在重载车大位移的桥梁工程上,因为,依靠单一的弹性材料同时解决"承载"和"变形"这一矛盾是不可能的。"承变结合"是一种很好的结构思路。

3)单缝式型钢伸缩装置

单缝式型钢伸缩装置由伸缩缝两侧的异型钢、橡胶密封条止水带、异型钢锚固钢板和锚固钢筋等组成。如图1.15所示,异型钢通过锚固钢板、锚固钢筋固定在桥梁梁体或桥台上,锚固钢板与锚固钢筋则埋入在高强度混凝土中或深入梁体,从而为单缝式型钢伸缩装置提供牢固的支撑。

a) 实物图　　　　　　　　b) 锚固结构

图1.15　单缝式型钢伸缩装置

单缝式型钢伸缩装置的构造如图1.16所示。异型钢是单缝式型钢伸缩装置支撑车轮的主要结构,橡胶密封条止水带不承受车轮荷载,只用于防水或防止杂物掉落。单缝式型钢伸缩装置的设计位移量最大为80mm,它是当前公路桥梁上使用最广泛的一种伸缩装置,具有结构简单、造价合理、耐久性较好的特点。

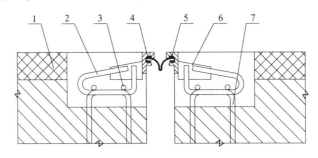

图1.16　单缝式型钢伸缩装置构造图

1-桥面铺装层;2-锚环;3-横穿筋;4-F形异型钢;5-防水密封胶条;6-锚板;7-预埋筋

4)模数式伸缩装置

因为单缝式型钢伸缩装置的伸缩量比较小,不能满足大跨径桥梁的需求,所以在单缝式基础上,发展了模数式伸缩装置,如图1.17所示。模数式伸缩装置具有和单缝式型钢伸缩装置类似的边梁,同时在两根边梁之间均匀插入了$N-1$根横桥向布置的中梁,以及支撑中梁的顺桥向布置的横梁,从而将伸缩装置的总位移量划分为N个伸缩模数,因此称为模数式伸缩装置。

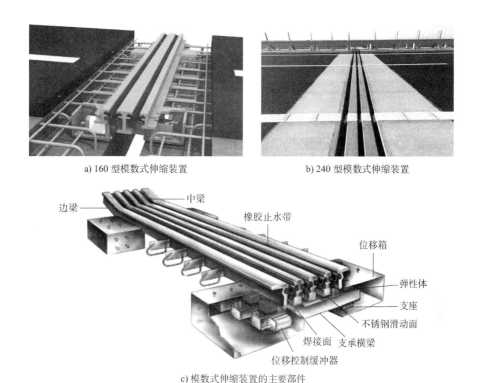

a) 160型模数式伸缩装置 b) 240型模数式伸缩装置

c) 模数式伸缩装置的主要部件

图1.17 模数式伸缩装置

模数式伸缩装置可以通过增加中梁的方式增加伸缩模数,从而增大伸缩装置的位移适应能力。例如,当每个伸缩模数的伸缩量为80mm时,每增加一个模数,伸缩装置的伸缩梁就可以增加80mm,总伸缩量也是80mm的倍数,目前世界上已经应用的模数式伸缩装置的最大伸缩量已达2800mm。在工作中,模数式伸缩装置需要保证各中梁的位移协调,使伸缩装置中各条缝的开口宽度保持基本一致,因此需要有位移控制系统及弹簧支承系统,结构比较复杂。图1.18所示为常见的模数式伸缩装置剖面图。

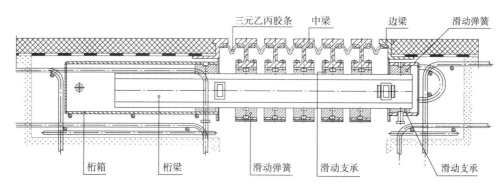

图1.18 常见的模数式伸缩装置剖面图

车辆经过模数式伸缩装置时,由钢制的边梁、中梁来承担车轮荷载,如图1.19所示。模数式伸缩装置一般用于大、中型桥梁,其伸缩量比较完善,但是结构较为复杂,造价也较高。此外,模数式伸缩装置的养护和更换往往需要涉及整体结构,因此养护和更换也比较复杂,对正常交通的影响较大。

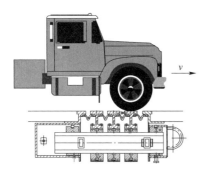

图1.19 模数式伸缩装置的工作示意图

5）波形伸缩装置

通常情况下，除了带梳齿板的钢板伸缩装置外，其余各种伸缩装置的接缝都是直线形的，直线形接缝的开度大时，会影响行车的平稳性和舒适性，也会增大对伸缩装置的冲击作用。

波形伸缩装置避免了直线形接缝的缺点，采用波形的钢板，露出曲折的齿形接缝，在接缝中安装泡沫棒，灌注专用的密封膏，如图1.20所示。波形伸缩装置的伸缩量一般为20~100mm。

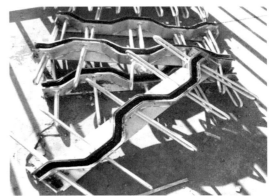

图1.20 波形伸缩装置实物和装置模块

6）悬臂式梳齿板式伸缩装置

梳齿板式伸缩装置由对称或不对称的梳齿板组合而成，锚固在两侧梁体上，通过梳齿的相互交错形成伸缩结构。1998年前的梳齿板式伸缩装置为悬臂式梳齿板伸缩装置，如图1.21所示。悬臂式梳齿板伸缩装置的伸缩量一般在120mm以内，也有达到240mm伸缩量的结构。但是悬臂式梳齿板伸缩装置在车辆冲击荷载的反复作用下，悬臂端容易下挠或上翘、混凝土过渡段易破损，长期工作性能不佳。

图1.21 实桥上的悬臂式梳齿板式伸缩装置

7) 简支式梳齿板式伸缩装置

1998—2003年是简支式梳齿板式伸缩装置较为流行的时期,该装置将梳齿端从原来的悬臂结构改进为简支结构,从而改善桥梁伸缩装置的受力性能,克服悬臂式齿板变形过大的缺点,提高服役性能,如图1.22所示。简支式传统梳齿板式伸缩装置由大、小两块梳齿钢板、锚固螺栓及橡胶止水带组成。大梳齿钢板的一端通过锚固螺栓固定在一侧梁体上,另一端跨过伸缩缝区延伸支靠在另一侧梁体上,通过大小梳齿钢板的梳齿相互交叉,形成可伸缩结构。目前,还有少数简支式梳齿板式伸缩装置应用于城市高架桥和高速公路桥梁中,伸缩量一般不超320mm。

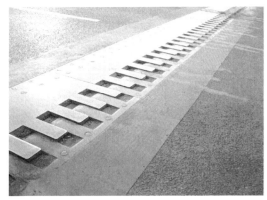

图1.22 实桥上的简支式梳齿板式伸缩装置

但是,简支式梳齿板式伸缩装置不具有三维变形功能,抗疲劳性能不足,容易出现锚固螺栓松动或拉脱、梳齿板折断或脱离、橡胶止水带破损等损坏现象,带来了严重的交通隐患,因此没有被广泛采用。此外,在使用过程中尤其是低温状态下,该类伸缩装置的梳齿间存在较大的间隙,车轮经过时仍会产生较大的振动和噪声。

8) 单元式多向变位梳齿板桥梁伸缩装置

为了提高梳齿板伸缩装置适应多个方向桥梁局部变形的能力,同时便于伸缩装置的养护和维修,一种新的梳齿板伸缩装置——"单元式多向变位梳齿板桥梁伸缩装置"被发明和推广应用。该类伸缩装置主体结构为梳齿板,横桥向一般由1m宽度的单元模块组合而成,不仅可以适应桥梁结构的多向变位要求,而且便于养护和更换。目前,该伸缩装置已经成功应用于杭州湾跨海大桥、港珠澳大桥、南沙大桥等许多重大桥梁工程中。

单元式多向变位梳齿板桥梁伸缩装置按照跨越伸缩缝方式的不同,可以分为跨缝式、骑缝式两大类。跨缝式多向变位梳齿板桥梁伸缩装置如图1.23a)所示,其中长度较长梳齿板的梳齿完全跨过梁端伸缩间隙后,延伸至另一侧梁体上,与长度较短的梳齿板形成交错的伸缩结构,常用的伸缩位移量为80~960mm。骑缝式多向变位梳齿板桥梁伸缩装置如图1.23b)所示,其长度较长梳齿板的梳齿骑跨在梁端伸缩间隙上方,延伸至伸缩缝的另一侧梁体上,与长度较短的梳齿板形成交错的伸缩结构,常用的伸缩位移量为800~3000mm。通过特殊设计,骑缝式多向变位梳齿板桥梁伸缩装置也可以用于3000mm以上伸缩量的特大型桥梁上。

a) 跨缝式——港珠澳大桥

b) 骑缝式——杭州湾跨海大桥

图 1.23 单元式多向变位梳齿板桥梁伸缩装置

9) 悬臂式梳齿条伸缩装置

悬臂式梳齿条伸缩装置由两组相对称的梳形齿条交叉组合而成,通过侧面的锚固螺栓固定在梁端,齿条悬出梁端并相互交错形成伸缩结构。20世纪80年代初由俄罗斯引进并在国内多座公铁两用桥梁工程中应用,如图1.24所示,其伸缩梳齿条为悬臂结构,最大位移量可达到±500mm伸缩量。但是悬臂式梳齿条伸缩装置在车辆冲击荷载的反复作用下,悬臂锚固结构容易破损,长期工作性能不佳。

a) 实桥上的悬臂式梳齿条伸缩装置

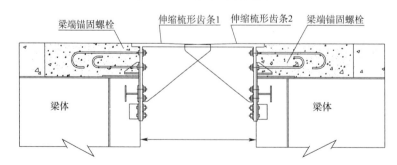
b) 悬臂式梳齿条伸缩装置安装截面图

图 1.24 悬臂式梳齿条伸缩装置

10) 连杆式伸缩装置

连杆式伸缩装置由齿板、垂直支座、中横梁、连杆构件和万能接缝件组成,是日本在20世纪90年代研制开发的一种伸缩装置,并应用在日本明石海峡大桥上,如图1.25所示。

a) 明石海峡大桥　　　　　　　　　　　b) 桥梁伸缩装置

图1.25　明石海峡大桥上的连杆式伸缩装置

其结构示意图如图1.26所示。

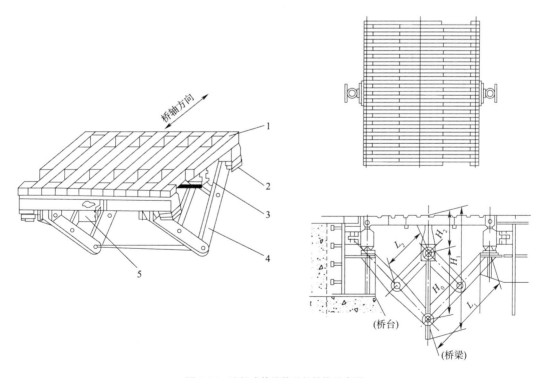

图1.26　连杆式伸缩装置的结构示意图
1-齿板;2-垂直支座;3-中横梁;4-连杆;5-万能接缝件

连杆构件采用铰接,平行四边形机构保证横梁等间距。同时,连杆构件变位适应梁体的纵向伸缩变位。齿板分别固定在两侧梁端(或桥台)上,车辆经过时,车轮荷载由齿板通过中横梁传递给连杆,进而由连杆构件传递给桥台或桥墩;同时,连杆构件保证车辆行驶的平顺性。万能接缝件与梁端(或桥台)和齿板连接,保证齿板各方向转动且承受齿板水平反力。连杆构件若在海洋环境下使用,则在活动荷载反复冲击下的金属杆件容易损坏,也存在一定的安全隐患,故没有被大面积推广。

11) 拖拉钢板式伸缩装置

拖拉钢板式伸缩装置由摆动板、企口板、滑板、支承铰、锚固系统、支承垫块、固定支承、止水带组成。摆动板是一个与桥面齐平的拖拉式钢部件,通过铰接方式,固定在桥面一侧,另一侧为固定支承滑板机构,以此跨越桥面的缝隙。这种结构由于滑板的存在,可以处理较大的变位量。当桥梁发生纵向伸缩变位时,结构位移通过支承铰在固定支承上的滑动来实现。在桥梁运营过程中,企口板不改变位置,常与滑板相接,以保证路面的平整性。此装置结构庞大复杂,造价较高。其构造示意如1.27所示。

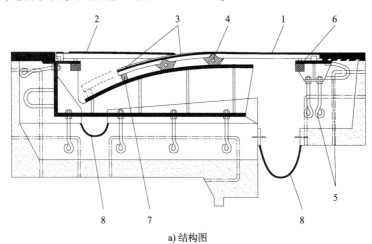

a) 结构图

b) 实物图

图 1.27 拖拉钢板式伸缩装置

1-摆动板;2-企口板;3-滑板;4-支承铰;5-锚固系统;6-支承垫块;7-固定支承;8-止水带

12)多姆克蜂房式伸缩装置

多姆克蜂房式伸缩装置由蜂房式薄板、端支承、滑动支承以及支承横梁组成,利用钢板的弹性变形来适应梁体的伸缩变位,伸缩量可达构造原长度的±1/3左右,即大约具有67%的较大伸缩能力。多姆克蜂房式伸缩装置采用六边形结构,具有结构强度高、重量相对轻的特点。其构造如图1.28所示。

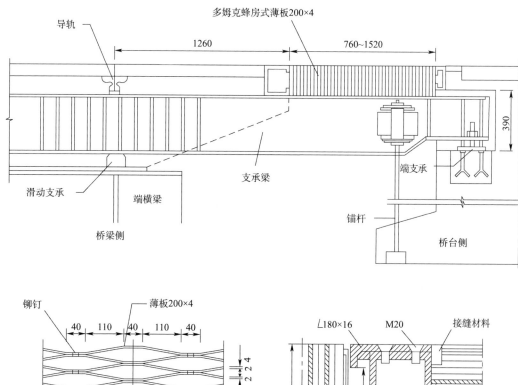

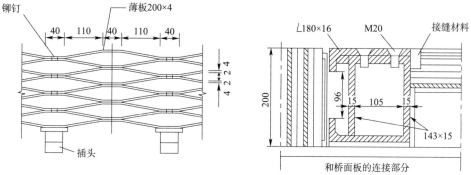

图1.28 多姆克蜂房式伸缩装置示意图(尺寸单位:mm)

13)大变位自适应多维耦合桥梁伸缩装置

大变位自适应多维耦合桥梁伸缩装置由独创的轴转、燕尾、偏位转盘、减隔震、传导等机构组成,能主动适应桥梁梁体的复杂变位,用以柔克刚的方式释放和化解外力对装置的作用。产品可独立或耦合实现竖向、水平转动±0.06rad、扭转±0.01rad,横向位移达±150mm,伸缩位移量为800~3600mm,并可以根据不同工程变位组合定制,以满足特大桥梁端扭、转、移等多维耦合变位需求,实现大桥连接处路面平顺、安全、耐久。大变位自适应多维耦合桥梁伸缩装置构造如图1.29所示。

公路桥梁单元式多向变位伸缩装置

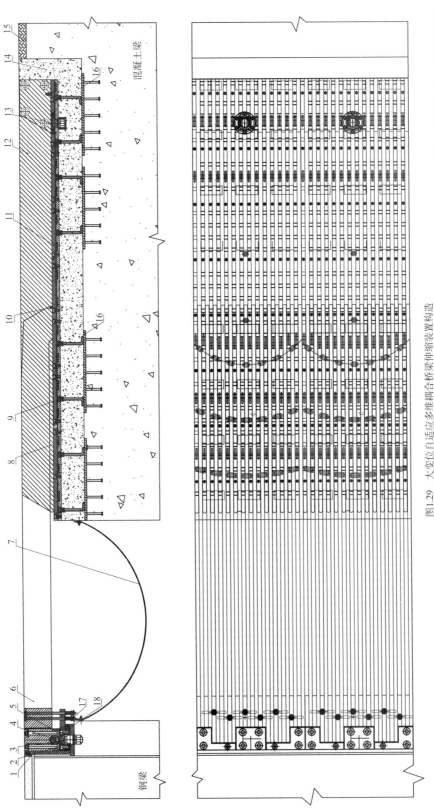

图1.29 大变位自适应多维耦合桥梁伸缩装置构造

1-防冲击挡板;2-水平转轴;3-燕尾横向位移机构;4-竖向转轴;5-轴座;6-活动梳齿钢板;7-导水装置;8-不锈钢滑板和支撑钢板;9-锚固螺栓组;10-防翘限位活动副;11-减隔震机构;12-固定梳齿钢板;13-偏位转盘机构;14-后浇混凝土;15-桥面铺装层;16-预埋钢板组件;17-弹性安全控制组件;18-支承平台

1.2 桥梁伸缩装置的特点与服役现状

1.2.1 桥梁伸缩装置的特点

上述桥梁伸缩装置由于结构形式和材料种类上的不同,形成了不同的承载、跨越以及适应多个方向位移的能力。据此,对我国生产使用主要桥梁伸缩装置适应位移的能力进行汇总,如表1.3所示。根据表1.3,结合桥梁结构和变位特点等,可以对桥梁伸缩装置进行初步的选型。

主要桥梁伸缩装置适应位移的能力　　　　表1.3

序号	类型	适应平移的能力			适应梁端转动的能力		
		顺桥向(mm)	横向	竖向	梁端扭转	水平转角	竖向转角
1	板式橡胶	<100	无	无	无	无	无
2	无缝式	<60	无	无	无	无	无
3	单缝式型钢	<120	小	小	无	无	无
4	模数式	160~2000	良	无标准	无标准	无标准	无标准
5	波形	<100	无	无	无	无	无
6	悬臂式梳齿板	<240	小	无	无	无	无
7	简支梳齿板	<320	小	无	无	无	无
8	单元式多向变位梳齿板(跨缝结构)	80~800	小	良好	良好	无	良好
9	单元式多向变位梳齿板(骑缝结构)	800~3000	良好	良好	优	良好	良好
10	大变位自适应多维耦合桥梁伸缩装置	800~3600	优	优	优	优	优

除此以外,伸缩装置的选用还需要考虑汽车行驶的舒适性、结构与材料的耐久性、防水性、降低车轮行驶噪声的能力、后期养护与更换的便捷性以及伸缩装置的造价等因素。按照上述要求,对主要类型桥梁伸缩装置的特点进行汇总,如表1.4所示。根据表1.4,结合桥梁结构的重要性、所处区域的周边环境、工程造价等因素,对桥梁伸缩装置进行进一步的详细选型。

主要桥梁伸缩装置的工作性能对比　　　　表1.4

序号	类型	行驶舒适性	耐久性	防水性	降噪性能	养护性能	综合造价
1	板式橡胶	一般	差	差	一般	差	差
2	无缝式	优	差	优	优	差	差
3	单缝式型钢	一般	良	良	一般	一般	优
4	模数式	一般	中	良	差	一般	中

续上表

序号	类型	行驶舒适性	耐久性	防水性	降噪性能	养护性能	综合造价
5	波形	优	差	差	良	差	差
6	悬臂式梳齿板	良	中	良	中	中	中
7	简支式梳齿板	良	中	良	良	一般	中
8	单元式多向变位梳齿板(跨缝结构)	优	良	良	良	中	良
9	单元式多向变位梳齿板(骑缝结构)	优	优	良	良	良	优
10	大变位自适应多维耦合桥梁伸缩装置	优	优	优	优	优	优

1.2.2 桥梁伸缩装置的服役现状

1）桥梁分类

近年来，中国交通运输行业得到了飞速发展，而桥梁则是交通运输的关键节点。桥梁按照跨径可以分为特大桥、大桥、中桥和小桥，这个跨径可以是多孔的总跨径，也可以是单孔跨径，其定义如图1.30所示。

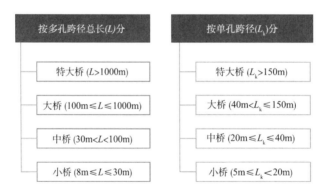

图1.30 桥梁结构按跨径的分类

截至2022年底，中国公路桥梁已经超过103.32万座，其中特大桥梁8816座、大桥接近159600座，其余为中小桥梁。这些不同规模的桥梁绝大多数需要桥梁伸缩装置，因此，桥梁伸缩装置的研发、设计、制造、施工和养护也得到了飞速的发展。表1.3中各种类型的桥梁伸缩装置在中国都有广泛的应用，以适应不同类型桥梁的建设需要。

2）桥梁伸缩装置存在的问题

随着我国公路与城市交通的发展，交通量逐渐增大，重型车辆日益增多，在各类桥梁中使用的伸缩装置出现了各种不同类型的损伤和破坏。根据北京、天津等近20个城市桥梁管理部门的调查，桥梁伸缩装置存在损害的桥梁数量占被调查桥梁总数的近一半。根据西班牙和法国高速公路的调研、美国纽约州城市公路的统计，桥梁伸缩装置的造价虽然对于桥梁整体而言比较低，不到桥梁结构总造价的1%，但是目前20%以上的桥梁维修费用都是用于伸缩装置的养护、维修以及更换。很显然，当前全世界桥在役的桥梁伸缩装置都存在不同程度的损害。

不同类型的伸缩装置，在桥梁服役期间的损害情况也不一样，下面分类阐述各类常见桥梁伸缩装置的损害情况。

图 1.31 所示为无缝伸缩装置在桥梁服役过程中常见的病害，主要是伸缩装置凹陷、开裂或破损。无缝伸缩装置接缝区域的破损主要是由于弹性体连接材料的承载能力不足、桥梁长期胀缩导致的材料老化或者损伤，以及由于梁端弯曲变形导致接缝材料开裂，进一步导致腐蚀或疲劳破坏。要想以单一的材料和结构同时解决"承载"和"变形"这对矛盾，几乎是不可能的。

图 1.31　无缝伸缩装置病害

图 1.32 所示为单缝式型钢伸缩装置在桥梁服役过程中常见的病害，这些损害包括锚固区混凝土破损、锚固钢筋裸露失效、止水带堵塞或破损、桥台与路面错位、边梁断裂等。混凝土锚固区破损的原因一方面在于该处的车轮冲击荷载最大，另一方面也是由于锚固区过渡段混凝土结构强度原因。造成过渡段破损的主要因素是后浇筑的混凝土结构细长并单薄，伸缩量 160mm 左右的装置过渡段一般宽为 300mm、厚为 150mm，而长度与单幅桥梁相同，同时，还存在振捣不实、混凝土强度等级过低、锚固强度不足等，锚固区损坏后容易进一步导致边梁断裂、止水带破损的问题。单缝式型钢伸缩装置造价低、安装方便，比较适合在对噪声、渗漏水要求不高，没有重载车辆的小桥上使用。

图 1.33 所示为模数式伸缩装置在桥梁服役过程中常见的病害，这些损害包括锚固区混凝土破损、止水带堵塞或破损、中梁断裂、橡胶弹簧支承系统损坏、位移控制系统导致横梁间不均匀挤压等。混凝土锚固区破损的原因也是因为该处的车轮冲击荷载最大，且锚固区混凝土强度不够。中梁断裂首先是重载车轮与中梁钢垂直长期冲击作用强相关，同时，多因为中梁钢和横梁之间的橡胶支承或聚氨酯类弹簧脱落，导致原设计的中梁钢支撑点缺失，强度严重不足，最常见的断裂部位是在中梁与横梁之间最容易发生撞击的交叉处。横梁间不均匀挤压变形都属于位移控制系统损坏，多由于桥梁多向变位因素造成。橡胶支承系统损坏主要是受力偏离、不均、材料老化原因。模数式伸缩装置由于存在横向贯通的伸缩缝，因此车轮冲击荷载比较大，钢结构的疲劳破坏比较常见。另外，其适应多向变位的能力需要以优

良的产品性能来保障。模数式伸缩装置发生断裂损坏,维修和更换都比较复杂,对交通的影响也很大。

a) 锚固区混凝土破损

b) 锚固钢筋裸露失效

c) 止水带破损导致桥底漏水

d) 边梁断裂

图1.32　单缝式型钢伸缩装置的常见病害

a) 中梁断裂

图　1.33

b) 支承系统损坏

c) 中梁钢变形、伸缩不均

d) 止水带堵塞、拉脱、破漏

e) 锚固区混凝土破损

图1.33 模数式伸缩装置的常见病害

图 1.34 所示为波形伸缩装置在桥梁服役过程中常见的病害,这些损害包括锚固区混凝土破损、伸缩缝中的密封膏老化等。波形伸缩装置用材单薄、自身结构强度低,一旦过渡段混凝土破损,就会对行车安全造成较大影响。

a) 锚固区混凝土破损

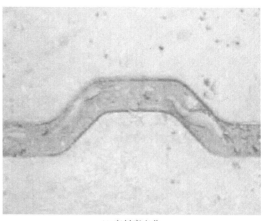
b) 密封膏老化

图 1.34　波形伸缩装置的常见病害

图 1.35 所示为传统梳齿板式伸缩装置在桥梁服役过程中常见的病害,这些病害包括锚固区混凝土破损、齿缝泥沙堵塞、止水带中泥沙堆积、螺母松动或脱落、螺栓拉断、梳齿板起翘、梳齿板遗失等。锚固区混凝土破损的原因也是因为该处的车轮冲击荷载最大,且锚固区混凝土强度不够。螺母和螺栓用于固定梳齿板,在汽车车轮的作用下,承担着较高的拉压应力,因此容易发生螺纹疲劳,导致螺母松动或者脱落,或者螺栓的疲劳断裂。传统梳齿板伸缩装置不具备多向变位转角能力,易出现梳齿上翘并导致锚固螺栓拉脱、梳齿板脱离损坏现象。特别是大伸缩量梳齿板式伸缩装置的转角功能尤为重要,这是适应大桥、特大桥端部较大的伸缩和转动位移的必要条件。梳齿板式伸缩装置为了便于安装和养护,往往做成若干米一个模块,因此对它们的修理和更换也往往只涉及若干模块,不需要全桥封闭施工,因此对交通的影响较小。

a) 锚固区混凝土破损

b) 梳齿板过度张开

图　1.35

c) 螺母松动脱落　　　　　　　　　　　d) 梳齿板上翘

图1.35　梳齿板式伸缩装置病害

图1.36所示为单元式多向变位梳齿板式伸缩装置在桥梁服役过程中常见的病害,主要的损坏现象为两侧混凝土过渡段破损和早期(2008年前)产品的螺栓松动现象。而伸缩量在400mm以上的单元式多向变位梳齿板式伸缩装置极少发现病害,目前的最长使用时间已近20年,未出现主体结构损坏现象。

图1.36　单元式多向变位梳齿板式伸缩装置病害

各类桥梁伸缩装置的常见病害汇总如表1.5所示。总体而言,桥梁伸缩装置是桥梁结构中最易受损、寿命最短的部件,提高桥梁伸缩装置的服役性能和耐久性是当前桥梁工程领域迫切需要解决的技术难题。

各类桥梁伸缩装置的常见病害　　　　　　　　　　　　　　　表1.5

序号	伸缩装置类型	主要病害类型
1	板式橡胶	整板变形脱落、胶层与钢板分离或剥落,连接部位漏水,锚固松动
2	无缝式	两侧混凝土黏结处或施工节段缝极容易产生剥离破损、轮辙凹陷
3	单缝式型钢	混凝土破损、锚固钢筋外露、缝内堵塞、止水带老化、破裂、漏水
4	模数式	混凝土破损,止水带堵塞破损,弹性元件变形脱落,中梁钢形变断裂,变位机构受阻结构损坏、位移不均

续上表

序号	伸缩装置类型	主要病害类型
5	波形	混凝土破损,锚固钢筋断裂,波形板变形,缝内堵塞漏水
6	悬臂式梳齿板	混凝土破损、破碎,梳齿板错位、起翘或脱落
7	简支式梳齿板	混凝土破损,梳齿板错位、板起翘或脱落,螺栓松动断裂
8	单元式多向变位梳齿板(跨缝结构)	混凝土破损,局部锚固螺栓松动
9	单元式多向变位梳齿板(骑缝结构)	混凝土破损,个别锚固螺栓松动
10	大变位自适应多维耦合桥梁伸缩装置	功能性较完善,但需要及时检查,海洋性环境建议使用耐候钢

第 2 章
单元式多向变位伸缩装置的技术创新

为了克服传统公路桥梁伸缩装置容易损坏的缺点,适应现代公路交通对于桥梁伸缩装置的新要求,提高桥梁伸缩装置的耐久性与舒适性,单元式多向变位伸缩装置作为一种优势突出的桥梁伸缩装置被发明和广泛应用。本章主要讲述现代桥梁结构对高性能伸缩装置的要求,以及单元式多向变位伸缩装置的结构与性能特点。

2.1 桥梁结构对高性能伸缩装置的要求

2.1.1 伸缩装置的纵向伸缩位移能力

在桥梁伸缩装置的选择上,伸缩量是首先要考虑的因素。桥梁伸缩装置的伸缩量必须满足桥梁梁体的变位量,而桥梁梁体的变位量,则是由温度变化引起的伸缩量、混凝土收缩引起的伸缩量、混凝土徐变引起的伸缩量、汽车制动引起的伸缩量等多种因素共同作用导致。因此,桥梁梁体总的伸缩变形量可按下式计算:

$$\Delta l = \Delta l_t + \Delta l_s + \Delta l_c + \Delta l_b \tag{2.1}$$

式中,Δl 为总伸缩量;Δl_t 为温度变化引起的梁体伸缩量;Δl_s 为混凝土收缩引起的梁体伸缩量;Δl_c 为混凝土徐变引起的梁体伸缩量;Δl_b 为制动力引起的板式橡胶支座剪切变形而导致的伸缩量。上述各项伸缩量的计算方法详述如下。

1)温度变化引起的伸缩量

当温度上升时,桥梁梁体伸长,伸长量 Δl^+ 为:

$$\Delta l^+ = \alpha_c l (T_{max} - T_{set,l}) \tag{2.2}$$

当温度下降时,桥梁梁体缩短,缩短量 Δl^- 为:

$$\Delta l^- = \alpha_c l (T_{set,u} - T_{min}) \tag{2.3}$$

式中,T_{max}、T_{min} 分别为当地最高、最低有效气温值,这两个数值按照现行《公路桥涵设计通用规范》(JTG D60)取用,如表2.1所示;$T_{set,u}$、$T_{set,l}$ 分别为预设的安装温度范围的上限值和下限值;l 为计算一个伸缩装置伸缩量所采用的梁体长度,视桥梁长度分段及支座布置情况而定;α_c 为梁体材料的线膨胀系数,对于混凝土桥梁采用 $\alpha_c = 0.00001/℃$,对于钢桥,$\alpha_c = 0.000012/℃$。

公路桥梁结构的有效温度标准值(单位:℃)　　　　表2.1

气温分区	钢桥面板钢桥		混凝土桥面板钢桥		混凝土、石桥	
	最高 (T_{max})	最低 (T_{min})	最高 (T_{max})	最低 (T_{min})	最高 (T_{max})	最低 (T_{min})
严寒地区	46	-43	39	-32	34	-23

续上表

气温分区	钢桥面板钢桥		混凝土桥面板钢桥		混凝土、石桥	
	最高 (T_{max})	最低 (T_{min})	最高 (T_{max})	最低 (T_{min})	最高 (T_{max})	最低 (T_{min})
寒冷地区	46	−21	39	−15	34	−10
温热地区	46	−9(−3)	39	−6(−1)	34	−3(0)

注：全国气温分区参见现行《公路桥涵设计通用规范》(JTG D60)附录，即图2.1；表中括号内数值适用于昆明、南宁、广州、福州地区。

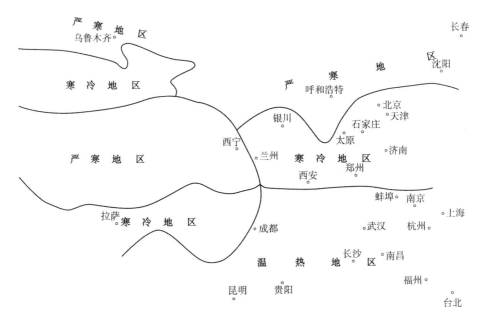

图2.1 中国气温分区图（局部）

2）混凝土收缩引起的伸缩量

混凝土收缩将引起桥梁梁体缩短，缩短量 Δl_s^- 按下列公式计算：

$$\Delta l_s^- = \varepsilon_{cs}(t_u, t_0) l \tag{2.4}$$

式中，$\varepsilon_{cs}(t_u, t_0)$ 为混凝土收缩应变，时间段选取伸缩装置安装完成时的混凝土龄期 t_0 至收缩终了时的凝土龄期 t_u，该收缩应变还与混凝土的种类和强度等级、环境年平均相对湿度、构件的理论厚度（即构件截面面积与截面外周长的商的两倍）等因素有关。$\varepsilon_{cs}(t_u, t_0)$ 可以按照现行《公路钢筋混凝土及预应力混凝土桥涵设计规范》(JTG 3362)中的相关公式计算得到。

3）混凝土徐变引起的伸缩量

混凝土徐变也将引起桥梁梁体缩短，缩短量 Δl_c^- 按下列公式计算：

$$\Delta l_c^- = \frac{\sigma_{pc}}{E_c} \phi(t_u, t_0) l_c \tag{2.5}$$

式中,σ_{pc} 为由预应力(扣除相应阶段预应力损失)引起的截面重心处的法向压应力,当混凝土桥梁结构为简支梁时,可取跨中截面与 1/4 跨径截面的平均值;当混凝土桥梁结构为连续梁或连续刚构时,可取若干有代表性截面的平均值;E_c 为梁体混凝土的弹性模量。$\phi(t_u,t_0)$ 为伸缩装置安装完成时的混凝土龄期 t_0 至收缩终了时的凝土龄期 t_u 之间的混凝土徐变系数,该徐变系数还与混凝土的种类和强度等级、环境年平均相对湿度、构件的理论厚度等因素有关。Δl_c^- 可以按照现行《公路钢筋混凝土及预应力混凝土桥涵设计规范》(JTG 3362)中的相关公式计算得到。

4)汽车制动力导致的伸缩量

汽车制动力会引起板式橡胶支座的剪切变形,从而导致伸缩装置产生伸缩量。该伸缩量与制动力的方向有关,可以导致伸缩缝开口(Δl_b^-)或者闭口(Δl_b^+),其数值按下式计算:

$$\Delta l_b^- (或 \Delta l_b^+) = \frac{F_k t_e}{G_e A_g} \tag{2.6}$$

式中,F_k 为分配给支座的汽车制动力标准值;t_e 为支座橡胶层总厚度;G_e 为支座橡胶切变模量;A_g 为支座平面毛面积。

上述 4 类梁体伸缩量会导致伸缩装置闭口或者开口,伸缩装置在安装后的闭口量 C^+ 按照下式计算:

$$C^+ = \beta(\Delta l_t^+ + \Delta l_b^+) \tag{2.7}$$

式中,β 为伸缩装置伸缩量增大系数,可取 $\beta = 1.2 \sim 1.4$。

伸缩装置在安装后的开口量 C^- 按照下式计算:

$$C^- = \beta(\Delta l_t^- + \Delta l_s^- + \Delta l_c^- + \Delta l_b^-) \tag{2.8}$$

伸缩装置的总伸缩量 C 应该满足下式:

$$C \geq C^+ + C^- \tag{2.9}$$

除了上述因素外,其他影响伸缩装置伸缩量的其他因素,如地震作用、风荷载、梁的挠度等,应视具体情况予以考虑。当施工安装温度在设计规定的安装温度范围以外时,伸缩量应另行计算。

伸缩装置的安装宽度(或出厂宽度)B_{set},可按前述计算得到的开口量 C^- 和闭口量 C^+ 进行计算选择,满足下式:

$$B_{min} + C^+ \leq B_{set} \leq B_{min} + (C - C^-) \tag{2.10}$$

式中,C 为选用的伸缩装置的伸缩量;B_{min} 为选用的伸缩装置的最小工作宽度。

由于伸缩装置的安装通常在上部主体结构施工完成后的 2 个月之后,混凝土的收缩、徐变已经完成了 90% 左右,因此它们导致伸缩装置安装后的伸缩量不大。而汽车制动力引起的板式橡胶支座的剪切变形从而导致伸缩装置产生的伸缩量一般也不会超过 5mm,所以温度变化引起的伸缩量占了绝大部分。在实际的设计工作中,对于一般中小桥梁,在计算伸缩量时可以仅考虑温度影响(包括预设安装温度与实际安装温度所存在的差异),再计入增大系数 β,于是伸缩装置应具备的伸缩量简化为:

$$C \geqslant \beta(\Delta l_t^+ + \Delta l_t^-) \tag{2.11}$$

在图2.1所示温热和寒冷地区的钢筋混凝土桥梁,以及温热地区的混凝土桥面板钢桥,伸缩装置应具备桥梁伸缩量C的近似值,也可以按梁体长度的1‰来估算,即每100m变形长度,需要配置伸缩量不小于100mm的伸缩装置。对于钢桥面板钢桥,还应酌量增加,并应对估算值进行校核。

2.1.2 伸缩装置的横向、竖向位移和多向转角位移能力

除了纵向位移外,伸缩装置两侧的桥梁结构也可能产生横向和竖向位移差,梁端还存在多个方向的转动位移。因此,为了确保长期安全服役,桥梁伸缩装置必须能够适应这些多方向的位移和转动。

伸缩装置应能适应桥梁的纵、横、竖三向位移要求。纵向位移如前文所述,其分析方法已在现行《公路桥涵设计通用规范》(JTG D60)、《公路钢筋混凝土及预应力混凝土桥涵设计规范》(JTG 3362)中加以详细阐述,横向、竖向位移和多向变位转角要求则没有在这两个规范中详述。现行《公路桥梁伸缩装置通用技术条件》(JT/T 326)中第5.1.1条明确提出伸缩装置应适应、满足桥梁纵、横、竖三向变形要求,伸缩装置变形性能应符合表2.2的要求。当桥梁变形使伸缩装置产生显著的横向错位和竖向错位时,宜通过专题研究确定伸缩装置的平面转角要求和竖向转角要求,并进行变形性检测。

伸缩装置的变形性能要求 表2.2

伸缩装置类型	项目		要求
模数式	拉伸、压缩时最大水平摩阻力(kN/m)		≤4n
	拉伸、压缩时变形均匀性	每单元最大偏差值(mm)	−2~2
		总变形最大偏差值e(mm) 80≤e≤400	−5~5
		400≤e≤800	−10~10
		e>800	−15~15
	拉伸、压缩时每单元最大竖向变形偏差(mm)		≤2.0
	符合水平摩阻力和变形均匀性条件下的错位性能	纵向错位	伸缩装置的扇形变位角度≥2.5°
		横向错位(mm)	伸缩装置两端偏差值≥20n
		竖向错位	顺桥向坡度≥5%
悬臂式梳齿板	拉伸、压缩时最大竖向变形偏差(mm)		≤1.0
简支式梳齿板	拉伸、压缩时最大竖向变形偏差(mm)		≤1.0
单元式多向变位梳齿板	拉伸、压缩时最大水平摩阻力(kN/m)		≤5.0
	拉伸、压缩时最大竖向变形偏差e(mm)	80≤e≤720	≤1.0
		720<e≤1440	≤1.5
		e>1440	≤2.0
	容许转角偏差(rad)	竖向	≤0.005
		水平向	≤0.005

续上表

伸缩装置类型	项目		要求
大变位自适应多维耦合桥梁伸缩装置	拉伸、压缩时最大水平摩阻力(kN/m)		≤5.0
	拉伸、压缩时最大竖向变形偏差(mm)	$720 < e \leq 1440$	≤1.5
		$e > 1440$	≤2.0
	横向错位时最大位移偏差(mm)	$100 \leq s \leq 300$	-5~5
		$400 \leq s \leq 600$	-10~10
	容许转角偏差(rad)	竖向	≤0.005
		水平向	≤0.005
无缝式	拉伸、压缩时最大竖向变形(mm)		≤6.0

注：n-多缝模数式伸缩装置中橡胶密封带的个数，e-纵向伸缩量，s-横向位移量。

需要指出的是，表2.2仅是桥梁伸缩装置横向和竖向变形性能的一般性要求。对于大桥或特殊类型桥梁，其所采用的桥梁伸缩装置还应该进一步满足实际工作情况下的桥梁端部横向、竖向位移，以及弯曲转角、水平向和竖向转角、扭转转角。

工程中因桥梁结构横向、竖向位移和转角导致的伸缩装置损坏屡见不鲜，如图2.2所示，由于伸缩装置不能满足水平向转角变位要求，当桥梁梁端发生水平转角时，中梁在扇形变位状态下发生水平转动，导致伸缩缝张开宽度极不均匀，止水带等结构严重拉脱损坏。

图2.2 横向位移与水平转角导致的伸缩装置拉脱损坏

如图2.3所示，大桥同时处于水平、竖向及扭动变位时，中梁与支承梁发生相对转动和位移，桥梁伸缩方向与支承梁运动方向不一致，导致支承梁运动阻力剧增、限位支座剪切断裂、承压支座及其他构件被挤压、磨损。

如图2.4所示，桥梁装置不能满足桥梁梁体竖向转角要求，当梁端下陷或上翘时，传统梳齿板式伸缩装置的梳齿板随梁端转角而下陷或翘起，导致伸缩装置不平顺，车辆碾压后会产生梳齿断裂、锚固螺栓拉脱等现象，甚至影响行车安全。

图 2.3　模数式伸缩装置在多向变位转角下的限位装置与支座损坏

图 2.4　竖向转角导致传统梳齿板伸缩装置起翘、梳齿折断、锚固螺栓拉脱

为了适应桥梁结构的上述变形,中国交通企业管理协会技术文件《公路桥梁伸缩装置设计指南》(T/CCTAS 93—2023)指出,对于桥梁伸缩装置的变形分析,以下几条需要补充计算:

(1)桥梁接缝处应计算由预应力引起的梁体缩短量和梁端的转角。

(2)悬索桥、斜拉桥的接缝处应计算横向风力引起的横向伸缩量、横向转角、竖向变位,横宽桥梁的接缝处应计算温度等引起的横向伸缩量。

(3)桥梁接缝处应计算车辆荷载和基础变位等引起的转角及竖向变位。

(4)伸缩装置沿桥轴线的伸缩量等于桥梁接缝处伸缩量乘以增大系数 β,可取 β 为 1.2～1.4。伸缩装置沿桥轴线的转角等于桥梁接缝处转角加 0.01 rad。

综上所述,当桥梁变形使伸缩装置产生显著的横向变形、竖向变形、多方向转角时,宜通过专题研究确定伸缩装置的变形和转角要求,选择符合要求的桥梁伸缩装置,并进行变形性能测试。

2.1.3　桥梁伸缩装置的承载能力

除了适应多个方向的桥梁变形,桥梁伸缩装置还必须具备承受工作荷载的能力。桥梁伸缩装置承受的日常荷载是桥面上的车辆作用,对于铁路桥梁,桥面荷载主要是列车荷载;对于公路桥梁,则是汽车荷载,如图2.5所示。除此以外,桥梁伸缩装置还需要能够承受地震等偶然荷载的作用。

a) 梳齿板式伸缩装置　　　　　　　　　　　b) 异型钢伸缩装置

图2.5　桥梁伸缩装置上的汽车荷载

与结构自重等静力荷载不同,铁路列车和公路汽车的作用属于动力荷载,且对于桥梁伸缩装置有一定的冲击作用,因此,首先需要考虑冲击动力作用下的结构强度问题。其次,在车辆动力荷载的反复作用下,桥梁伸缩装置可能发生疲劳破坏,因此,需要考虑动力荷载下的结构抗疲劳性能。再者,对于比较重要的桥梁,还需要考虑伸缩装置在地震等偶然荷载的作用下承载能力。

桥梁伸缩装置承载能力的具体分析中,应该考虑作用于伸缩装置结构部件上的各种荷载组合,包括基本组合、偶然组合、疲劳组合、破坏极限状态组合和地震状态组合等,并确定荷载及其组合系数,进一步进行承载能力分析。

2.1.4　桥梁伸缩装置的行走性能

在公路桥梁上,车辆轮胎直接作用在桥梁伸缩装置上,因此,桥梁伸缩装置应该具有较好的行走性能。

一般而言,桥梁伸缩装置的外表面应该平整洁净,无机械损伤,无毛刺,无锈蚀。对具体类型的桥梁伸缩装置,还需要满足规范的要求。例如,对于模数式伸缩装置,其装配公差应符合下列要求:

(1)当完全压缩时,在任意位置同一断面,以两边纵梁顶平面为准,每根中纵梁顶面和边纵梁顶面相对高差不应大于1.5mm;每单元的纵向偏差应在±2mm范围内。

(2)平面总宽度的偏差应符合表2.3的要求。

平面总宽度的偏差要求(单位:mm)　　　　　表2.3

项目	伸缩量 e		
	$80 \leq e \leq 400$	$400 \leq e \leq 800$	$e > 800$
平面总宽度的偏差值	$-5 \sim 5$	$-10 \sim 10$	$-15 \sim 15$

对于梳齿板式伸缩装置,装配公差应符合表2.4的要求。

梳齿板式伸缩装置装配公差要求(单位:mm)　　表2.4

序号	项目		装配公差(mm)				
			悬臂式和简支式梳齿板	单元式多向变位和大变位自适应多维耦合			
				80mm≤e≤720mm	800mm≤e≤1360mm	1440mm≤e≤2000mm	2080mm≤e≤3520mm
1	伸缩范围内任一位置,同一断面处两边梳齿钢板高差		≤1.0	≤1.0	≤1.5	≤2.0	≤2.5
2	最大压缩量时梳齿之间的间隙	纵向	≥15	≥30			
		横向	≥5	≥2			
3	最大拉伸量时齿板搭接长度		≥10	≥10			

注:e 为伸缩量。

2.1.5　桥梁伸缩装置的防水性能

由于桥梁伸缩装置常年暴露在外,因此应采用防水部件制造,并具有可靠的防水、排水系统。桥梁伸缩装置的防水性能应经过试验验证,试验步骤如下。

(1)使伸缩装置处于最大开口状态,并固定;
(2)对伸缩装置试样进行封头处理,封头应高出伸缩装置顶面30mm;
(3)使伸缩装置处于水平状态,注水,使水面高出伸缩装置顶面10mm;
(4)若24h后,未出现渗水、漏水现象,则伸缩装置的防水性能符合要求。

2.1.6　桥梁伸缩装置的其他性能

除了上述性能外,降噪性能、抗滑性能、抗磨损性能、自洁性能、环保性能也是桥梁伸缩装置设计、制造和选用时需要考虑的因素。例如对于城市桥梁而言,车辆通过桥梁伸缩装置时产生的噪声是桥梁交通噪声的重要组成部分,此时宜选用环保降噪型桥梁伸缩装置。

2.2　单元式多向变位伸缩装置的结构及性能

单元式多向变位伸缩装置是在传统伸缩装置的基础上,进行研发与创新而发明的新一代伸缩装置。它具有两大明显特征,即单元模块化和多向变位能力。

1)单元模块化

单元模块化是指沿着桥梁的横向,伸缩装置被划分为多个相同和个别特殊(边缘)的模块,各个模块之间结构上相互独立、工作也相互独立,这种模块化的伸缩装置一方面可以更好地适应沿着桥梁横向的梁端变形变化,另一方面也大大方便了伸缩装置的安装和维修,可以在不中断交通的情况下进行局部的安装或维修。

2）多向变位能力

综合分析传统伸缩装置的使用情况及损坏原因,发现传统伸缩装置与梁体的连接均是固定连接,梁体的任何变位均会直接传递至伸缩装置本体结构上,并导致其出现早期损坏。而且传统伸缩装置虽然能很好地满足梁体在日常运营过程中的纵向伸缩变位,但对于梁体的其他变位需求,均不能很好地适应。单元式多向变位伸缩装置改变了伸缩装置与梁体的连接方式,通过多向变位控制铰装置这样一个结构来与梁体连接,根据不同的变位维度和变位量,分设不同的结构组合,来满足梁体的各种变位,具有优越的水平、竖向及扭转等多向适从性能。

2.2.1 单元式多向变位梳齿板式伸缩装置的分类及适用范围

按《单元式多向变位梳形板桥梁伸缩装置》(JT/T 723—2008)标准,单元式多向变位梳齿板式伸缩装置按照活动梳齿板跨越伸缩缝方式的不同,可以分为跨缝式、骑缝式两大类。

1）跨缝式多向变位梳齿板式伸缩装置

跨缝式多向变位梳齿板式伸缩装置由两块顺桥向长度不一的梳齿板组成,如图2.6所示,长度较长的梳齿板跨过梁端伸缩缝,梳齿完全位于伸缩缝的另一侧梁体上,与长度较短的梳齿板形成交错的伸缩结构。该类伸缩装置的常用伸缩位移量为80~880mm,代号为KF。

2）骑缝式多向变位梳齿板式伸缩装置

骑缝式多向变位梳齿板式伸缩装置与跨缝式结构类似,如图2.7所示,也是由两块顺桥向长度不一的梳齿板组成,不同之处在于骑缝式的梳齿钢板骑跨在梁端伸缩缝的上方两侧,与完全位于另一侧的梳齿钢板形成交错的伸缩结构。该类伸缩装置伸缩量大、跨越能力强,适用于伸缩位移量要求高的大型桥梁,常用的伸缩位移量为800~3000mm,代号为QF。通过特殊设计,在3000mm以上伸缩量的特大型桥梁上,此类伸缩装置也可适用。

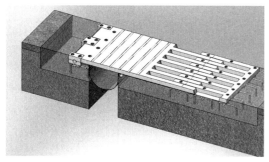
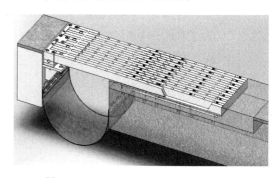

图2.6 跨缝式多向变位梳齿板式伸缩装置　　图2.7 骑缝式多向变位梳齿板式伸缩装置

上述两种类型的单元式多向变位伸缩装置已成功应用于杭州湾跨海大桥(2008年)、港珠澳大桥(2017年)等许多重要桥梁工程中,如图2.8所示,迄今为止,工作状况优良。

经过十多年深入研究开发,单元式多向变位伸缩装置根据具体应用场景不同和结构优化,上述两大类多向变位伸缩装置又可以细分为更多产品结构类型,其相应产品性能适用范围,如表2.5所示。

a) 杭州湾大桥2008年完工后（骑缝式）　　　b) 港珠澳大桥2023年应用照片（跨缝式）

图2.8　单元式多向变位梳齿板式伸缩装置的工程应用

多向变位桥梁伸缩装置的结构分类与性能适用范围　　　表2.5

序号	产品结构类型	代号	纵向伸缩量 e（mm）	竖向转角 b（rad）	水平转角 b（rad）
1	跨缝式（KFA-Ⅰ）多向变位桥梁伸缩装置	KFA-Ⅰ	80~880	±0.01~±0.03 rad	—
2	跨缝式（KFAW-Ⅰ）无过渡混凝土型多向变位桥梁伸缩装置	KFAW-Ⅰ	80~880	±0.01~±0.03 rad	—
3	跨缝式（KFA-Ⅱ）多向变位桥梁伸缩装置	KFA-Ⅱ	80~880	±0.01~±0.03 rad	—
4	跨缝式（KFAW-Ⅱ）无过渡混凝土型多向变位桥梁伸缩装置	KFAW-Ⅱ	80~880	±0.01~±0.03 rad	—
5	跨缝式（KFA-Ⅲ）连梁型无螺栓多向变位桥梁伸缩装置	KFA-Ⅲ	80~880	±0.01~±0.03 rad	—
6	跨缝式（KFAW-Ⅲ）无过渡混凝土连梁型多向变位桥梁伸缩装置	KFAW-Ⅲ	80~880	±0.01~±0.03 rad	—
7	跨缝式（KFB-Ⅰ）多向变位桥梁伸缩装置	KFB-Ⅰ	80~880	±0.01~±0.03 rad	±0.01~±0.03 rad
8	跨缝式（KFB-Ⅱ）多向变位桥梁伸缩装置	KFB-Ⅱ	80~880	±0.01~±0.0 rad	±0.01~±0.03 rad
9	骑缝式（QFA）多向变位桥梁伸缩装置	QFA	800~3000	±0.01~±0.06 rad	±0.01~±0.06 rad
10	骑缝式（QFB）多向变位桥梁伸缩装置	QFB	800~3000	±0.01~±0.06 rad	±0.01~±0.06 rad

注：1. 纵向伸缩量 e 的范围为 80~3000mm，其中160mm及以下的按40mm为一档，160mm以上的按80mm为一档。
　　2. 竖向转角和水平转角的范围为 ±0.01~±0.06 rad，按 ±0.01 rad 为一档。

桥梁管理和设计部门可以参照表2.5，按需选择相应类型的桥梁伸缩装置。下面分别详细介绍上述各类单元式多向变位伸缩装置的结构与设计参数。

2.2.2　跨缝式多向变位桥梁伸缩装置

跨缝式多向变位桥梁伸缩装置的特点是梳齿位于单侧梁体上，伸缩缝上方由钢板跨过覆盖。该类装置的多向变位控制系统设置有竖向转动结构层，以适应梁体的竖向变位。竖向转动的原理是：多向变位控制装置与梁体连接，梳齿板通过竖向转动轴固定在轴座上，通过轴与轴座之间的转动，分解掉梁体的竖向转动对伸缩装置本体的影响。也就是说，当梁体发生竖向转动的时候，轴座与梁体一起转动，而梳齿板不动。竖向转动原理如图2.9所示。

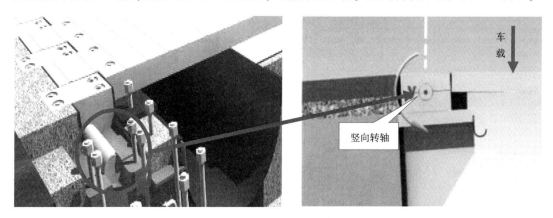

图2.9 竖向转动原理示意图

根据发展历程和应用场景的不同，跨缝式多向变位伸缩装置还可以分为以下型号。

2.2.2.1 跨缝式（KFA-Ⅰ）多向变位桥梁伸缩装置

1）跨缝式（KFA-Ⅰ）多向变位桥梁伸缩装置的结构形式

跨缝式（KFA-Ⅰ）多向变位桥梁伸缩装置由若干组标准单元和非标准单元组成，每组单元由支承平台、多向变位控制装置、竖向转轴、活动梳齿板、固定梳齿板、导水装置、滑板等组成。装置两侧设置有混凝土过渡段，结构示意见图2.10[图a)适用于混凝土梁结构，图b)适用于钢箱梁结构]。

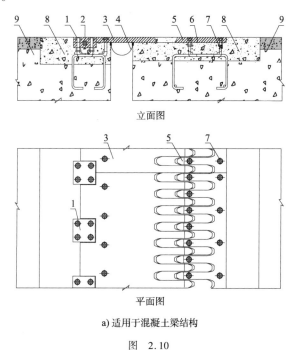

a) 适用于混凝土梁结构

图 2.10

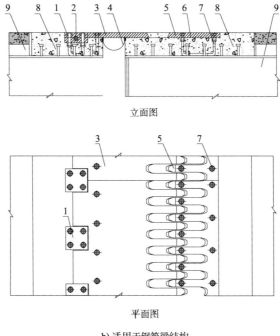

立面图

平面图

b) 适用于钢箱梁结构

图2.10 跨缝式(KFA-Ⅰ)多向变位桥梁伸缩装置结构示意图

1-多向变位控制装置;2-竖向转轴;3-活动梳齿板;4-导水装置;5-固定梳齿板;6-滑板;7-L形螺栓组;8-后浇C50纤维混凝土;9-梁(台、钢梁)

跨缝式(KFA-Ⅰ)多向变位桥梁伸缩装置是应用范围最广、使用量最多的多向变位桥梁伸缩装置。从2002年在杭宁高速公路维修更换中使用开始,到2007年杭州湾跨海大桥全桥、2015年普宣高速公路(云南)、2018年太行山高速公路、2021年京雄高速公路、2023年杭甬智慧高速公路等工程中均大量应用(图2.11)。产品的结构、制造工艺和安装工法也在不断地优化和更新,目前已是第六代产品。

a) 杭州湾跨海大桥

b) 杭甬智慧高速公路桥梁

图2.11 跨缝式(KFA-Ⅰ)多向变位桥梁伸缩装置的工程应用

2)跨缝式(KFA-Ⅰ)多向变位桥梁伸缩装置的设计参数

跨缝式(KFA-Ⅰ)多向变位桥梁伸缩装置的两侧为混凝土梁体或钢梁体,产品通过锚固螺栓与预埋钢筋或钢箱梁焊接固定,并浇筑混凝土过渡段,如图2.12所示。各型号的安装预留槽、梁端间隙和伸缩装置结构尺寸详见表2.6。

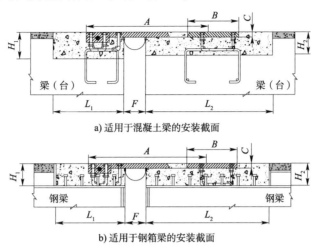

a) 适用于混凝土梁的安装截面

b) 适用于钢箱梁的安装截面

图2.12 跨缝式(KFA-Ⅰ)多向变位伸缩装置的安装截面

跨缝式(KFA-Ⅰ)多向变位伸缩装置设计参数(单位:mm)　　表2.6

型号	位移量	安装预留槽尺寸				梁端间隙			伸缩装置尺寸		
	U_x	H_1	H_2	L_1	L_2	F_{min}	F_{max}	$F_{设计值}$	A	B	C
KFA-Ⅰ-80	80	180	180	500	500	10	90	50	500	200	26
KFA-Ⅰ-120	120	180	180	600	600	10	130	70	580	240	26
KFA-Ⅰ-160	160	180	180	650	760	30	190	110	680	280	30
KFA-Ⅰ-240	240	220	180	650	980	30	270	150	870	400	35
KFA-Ⅰ-320	320	220	180	650	1140	30	350	190	1020	480	40
KFA-Ⅰ-400	400	250	180	650	1300	30	430	230	1180	560	45
KFA-Ⅰ-480	480	250	180	650	1460	30	510	270	1340	640	50
KFA-Ⅰ-560	560	250	180	650	1620	30	610	330	1500	720	50
KFA-Ⅰ-640	640	250	180	650	1780	50	690	370	1660	800	55
KFA-Ⅰ-720	720	300	200	650	1940	50	770	410	1820	880	60
KFA-Ⅰ-800	800	300	200	650	2100	50	850	450	1980	960	65
KFA-Ⅰ-880	880	300	200	650	2260	50	930	490	2160	1040	70

注:本表中没有涵盖的伸缩装置规格型号需根据实际情况进行特殊设计。

2.2.2.2 跨缝式(KFAW-Ⅰ)无过渡混凝土多向变位桥梁伸缩装置

在常规的桥梁伸缩缝装置安装过程中,为方便安装并对伸缩装置本身进行保护,往往在桥梁伸缩装置与桥面铺装之间设置一定宽度的混凝土过渡段,但这道狭长的混凝土过渡段也存在如下缺陷:①混凝土需要在现场浇筑,施工和养护需要一段时间,且受到气候因素影响,工期较长;②桥面沥青混凝土呈柔性,过渡段混凝土呈刚性,在轮载作用下沥青路面下陷形成高差,不仅降低了行车的平顺性和舒适性,且容易导致过渡段混凝土破损,如图2.13所示;③过渡段混凝土破损修复时需要更换整个锚固区混凝土层,施工困难、养护时间长。

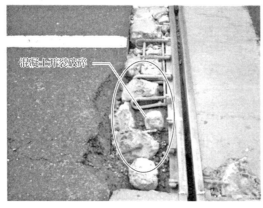

图2.13 伸缩装置两侧过渡段混凝土破损

无过渡混凝土型桥梁伸缩装置针对上述不足进行了结构改进,取消了过渡段混凝土,从而消除了过渡段浇注式混凝土对整个桥梁伸缩装置的影响。同时,为了保护伸缩装置,在单元式多向变位桥梁伸缩装置两侧与铺装层之间,增设了防撞挡板,代替了过渡段浇注式混凝土的功能。

1)跨缝式(KFAW-Ⅰ)无过渡混凝土多向变位桥梁伸缩装置的结构形式

跨缝式(KFAW-Ⅰ)无过渡混凝土多向变位桥梁伸缩装置,由若干组标准单元和非标准单元组成,每组单元由防撞挡板、竖向转轴、跨缝梳齿板、止水带结构等组成。装置两侧不设置混凝土过渡段,结构示意见图2.14[图a)适用于混凝土梁结构,图b)适用于钢箱梁结构]。

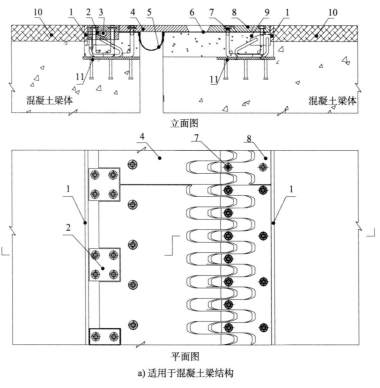

a) 适用于混凝土梁结构

图 2.14

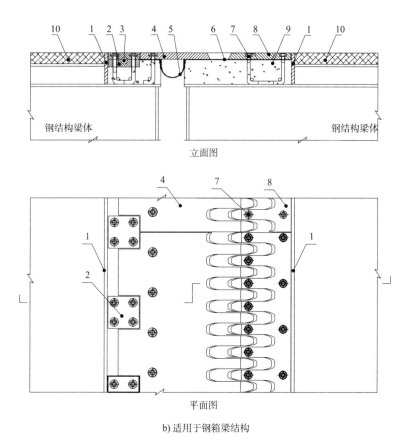

b) 适用于钢箱梁结构

图2.14 跨缝式(KFAW-Ⅰ)无过渡段混凝土多向变位桥梁伸缩装置结构示意图

1-防撞挡板;2-多向变位控制装置;3-竖向转轴;4-活动梳齿板;5-导水装置;6-滑板;7-L形螺栓组;8-固定梳齿板;9-后浇C50纤维混凝土;10-桥面铺装层;11-预埋钢板(钢筋)

上述无过渡混凝土型多向变位桥梁伸缩装置具有以下优点:①取消了过渡段混凝土,降低了伸缩装置安装深度(伸缩位移量240mm及以下产品可在100mm的深度内安装),梁端不用设置伸缩装置安装槽区,利于工厂化统一化制梁;②简化了施工工序,克服了气候、工期、材料等因素对伸缩装置施工和维修的制约因素;③伸缩装置与桥面之间设置防撞挡块,大大提高了结构强度,更利于车辆平顺安全;④伸缩缝装置损坏维修时,无须浇筑锚固区混凝土,维修工期短、即修即通,特别适合城市工程。

跨缝式无过渡段混凝土(KFAW-Ⅰ)多向变位桥梁伸缩装置最早在安徽的芜湖长江二桥引桥工程开始应用(2017年),后续在节段梁拼装、整体预制、连续钢箱梁及现浇梁等项目工程中应用,如港珠澳大桥的海上连续钢箱梁部分和安徽的芜黄高速公路中均采用了无过渡段混凝土多向变位桥梁伸缩装置,如图2.15所示。

2)跨缝式(KFAW-Ⅰ)无过渡混凝土多向变位桥梁伸缩装置的设计参数

跨缝式(KFAW-Ⅰ)无过渡混凝土多向变位桥梁伸缩装置的两侧为混凝土梁或钢梁,产品通过锚固螺栓与预埋钢板(或钢梁顶板)焊接固定,如图2.16所示。各型号的安装预留槽、梁端间隙和伸缩装置结构尺寸详见表2.7。

a) 港珠澳大桥上的应用

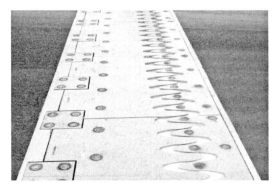
b) 芜湖长江二桥上的应用

图 2.15 跨缝式(KFAW-Ⅰ)无过渡段混凝土多向变位桥梁伸缩装置的工程应用

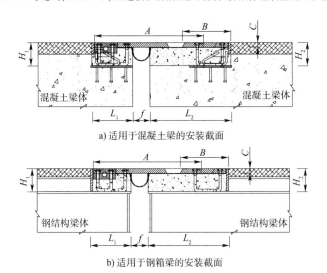

a) 适用于混凝土梁的安装截面

b) 适用于钢箱梁的安装截面

图 2.16 跨缝式(KFAW-Ⅰ)无过渡混凝土多向变位伸缩装置的安装截面

跨缝式(KFAW-Ⅰ)无过渡混凝土多向变位伸缩装置设计参数(单位:mm)　　表 2.7

型号	位移量 U_x	安装预留槽尺寸				梁端间隙			伸缩装置尺寸		
		H_1	H_2	L_1	L_2	F_{min}	F_{max}	$F_{设计值}$	A	B	C
KFAW-Ⅰ-80	80	180	180	365	365	10	90	50	500	200	26
KFAW-Ⅰ-120	120	180	180	365	415	10	130	70	580	240	26
KFAW-Ⅰ-160	160	180	180	365	495	30	190	110	680	280	30
KFAW-Ⅰ-240	240	180	180	365	670	30	270	150	870	400	35
KFAW-Ⅰ-320	320	180	180	365	845	30	350	190	1020	480	40
KFAW-Ⅰ-400	400	180	180	365	1025	30	430	230	1180	560	45
KFAW-Ⅰ-480	480	180	180	365	1185	30	510	270	1340	640	50
KFAW-Ⅰ-560	560	180	180	365	1465	50	610	330	1500	720	50
KFAW-Ⅰ-640	640	180	180	365	1625	50	690	370	1660	800	55
KFAW-Ⅰ-720	720	300	200	365	1785	50	770	410	1820	880	60

续上表

型号	位移量	安装预留槽尺寸				梁端间隙			伸缩装置尺寸		
	U_x	H_1	H_2	L_1	L_2	F_{min}	F_{max}	$F_{设计值}$	A	B	C
KFAW-Ⅰ-800	800	300	200	365	1945	50	850	450	1980	960	65
KFAW-Ⅰ-880	880	300	200	365	2105	50	930	490	2160	1040	70

注:本表中没有涵盖的伸缩装置规格型号需根据情况进行特殊设计。

2.2.2.3 跨缝式(KFA-Ⅱ)多向变位桥梁伸缩装置

跨缝式(KFA-Ⅱ)多向变位桥梁伸缩装置利用竖向转动轴来实现竖向转角变位,变位原理与跨缝式(KFA-Ⅰ)多向变位桥梁伸缩装置一样,适用条件也一样,但是优化了转轴和多向变位控制装置的结构。该结构的多向变位控制装置全部设置在梳齿板下方,运营过程中不直接受到车辆的冲击,提高了行车舒适性。

1)跨缝式(KFA-Ⅱ)多向变位桥梁伸缩装置的结构形式

跨缝式(KFA-Ⅱ)多向变位桥梁伸缩装置由若干组标准单元和非标准单元组成,每组单元由多向变位控制装置、竖向转轴、活动梳齿板、导水装置等组成。装置两侧设置有混凝土过渡段,结构示意见图2.17。

跨缝式(KFA-Ⅱ)多向变位桥梁伸缩装置在2019年动工的四川西昌绕城公路中首次应用,图2.18为现场安装后的照片。

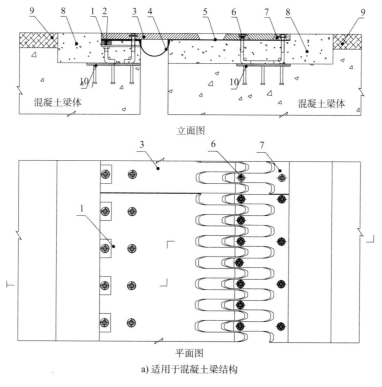

立面图

平面图

a) 适用于混凝土梁结构

图 2.17

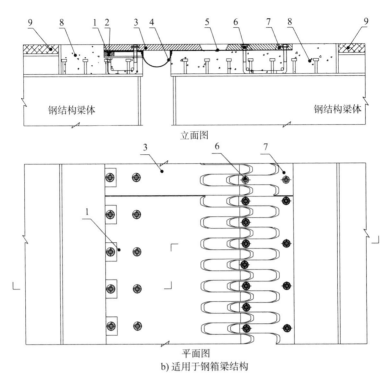

b) 适用于钢箱梁结构

图 2.17 跨缝式(KFA-Ⅱ)多向变位桥梁伸缩装置结构示意图

1-多向变位控制装置;2-竖向转轴;3-活动梳齿板;4-导水装置;5-固定梳齿板;6-滑板;7-L形螺栓组;8-后浇 C50 纤维混凝土;9-梁(台、钢梁)

图 2.18 西昌绕城公路上的跨缝式(KFA-Ⅱ)型多向变位桥梁伸缩装置

2)跨缝式(KFA-Ⅱ)多向变位桥梁伸缩装置的设计参数

跨缝式(KFA-Ⅱ)多向变位桥梁伸缩装置适用于两侧均为混凝土梁体或钢箱梁体,产品通过锚固螺栓与预埋钢筋或钢箱梁焊接固定,并浇筑混凝土过渡段,如图 2.19 所示。各型号的安装预留槽、梁端间隙和伸缩装置结构尺寸详见表 2.8。

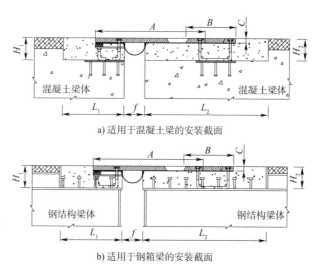

a) 适用于混凝土梁的安装截面

b) 适用于钢箱梁的安装截面

图 2.19 跨缝式(KFA-Ⅱ)多向变位伸缩装置的安装截面

跨缝式(KFA-Ⅱ)多向变位伸缩装置设计参数(单位:mm)　　表 2.8

型号	位移量 U_x	安装预留槽尺寸				梁端间隙			伸缩装置尺寸		
		H_1	H_2	L_1	L_2	F_{min}	F_{max}	$F_{设计值}$	A	B	C
KFA-Ⅰ-80	80	180	180	550	550	10	90	50	500	200	26
KFA-Ⅰ-120	120	180	180	550	680	10	130	70	580	240	26
KFA-Ⅰ-160	160	180	180	550	760	30	190	110	680	280	30
KFA-Ⅰ-240	240	180	180	550	980	30	270	150	870	400	35
KFA-Ⅰ-320	320	180	180	550	1140	30	350	190	1020	480	40
KFA-Ⅰ-400	400	180	180	550	1300	30	430	230	1180	560	45
KFA-Ⅰ-480	480	180	180	550	1460	30	510	270	1340	640	50
KFA-Ⅰ-560	560	180	180	550	1620	50	610	330	1500	720	50
KFA-Ⅰ-640	640	180	180	550	1780	50	690	370	1660	800	55
KFA-Ⅰ-720	720	200	200	550	1940	50	770	410	1820	880	60
KFA-Ⅰ-800	800	200	200	550	2100	50	850	450	1980	960	65
KFA-Ⅰ-880	880	200	200	550	2260	50	930	490	2160	1040	70

注:本表中没有涵盖的伸缩装置规格型号需根据情况进行特殊设计。

2.2.2.4 跨缝式(KFAW-Ⅱ)无过渡混凝土多向变位桥梁伸缩装置

跨缝式(KFAW-Ⅱ)无过渡混凝土桥梁伸缩装置是在跨缝式(KFA-Ⅱ)桥梁伸缩装置的基础上改进而来,它取消了过渡段混凝土,从而消除了过渡段浇注式混凝土容易破损的缺点。同时,为了保护伸缩装置,在单元式多向变位桥梁伸缩装置两侧与铺装层之间,增设了防撞挡板,代替了过渡段浇注式混凝土的功能。

1) 跨缝式(KFAW-Ⅱ)无过渡混凝土多向变位桥梁伸缩装置的结构形式

跨缝式(KFAW-Ⅱ)无过渡混凝土多向变位桥梁伸缩装置,由若干组标准单元和非标准单元组成,每组单元由防撞挡板、多向变位控制装置、竖向转轴、活动梳齿板等组成。装置两侧不设置混凝土过渡段,结构示意见图 2.20。

公路桥梁单元式多向变位伸缩装置

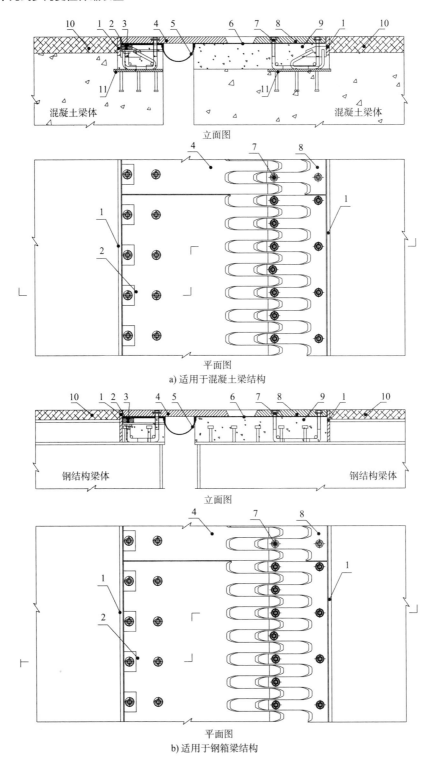

图 2.20 跨缝式(KFAW-Ⅱ)无过渡混凝土多向变位桥梁伸缩装置结构示意图
1-防撞挡板;2-多向变位控制装置;3-竖向转轴;4-活动梳齿板;5-导水装置;6-滑板;7-锚固螺栓组;8-固定梳齿板;9-后浇C50纤维混凝土;10-桥面铺装层;11-预埋钢板(钢筋)

跨缝式(KFAW-Ⅱ)无过渡混凝土多向变位桥梁伸缩装置从2018年开始在工程中推广应用,如武汉的江汉七桥,如图2.21所示。

图2.21 武汉江汉七桥上的跨缝式(KFAW-Ⅱ)无过渡混凝土多向变位桥梁伸缩装置

2)跨缝式(KFAW-Ⅱ)无过渡混凝土多向变位桥梁伸缩装置设计参数

跨缝式(KFAW-Ⅱ)无过渡混凝土多向变位桥梁伸缩装置的安装截面如图2.22所示,各型号的安装预留槽、梁端间隙和伸缩装置结构尺寸详见表2.9。

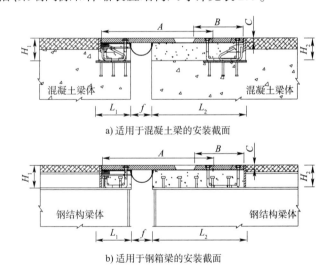

a)适用于混凝土梁的安装截面

b)适用于钢箱梁的安装截面

图2.22 跨缝式(KFAW-Ⅱ)无过渡混凝土多向变位桥梁伸缩装置

跨缝式(KFAW-Ⅱ)无过渡混凝土多向变位伸缩装置设计参数(单位:mm)　　表2.9

型号	位移量	安装预留槽尺寸				梁端间隙			伸缩装置尺寸		
	U_x	H_1	H_2	L_1	L_2	F_{min}	F_{max}	$F_{设计值}$	A	B	C
KFAW-Ⅱ-80	80	180	180	305	345	10	90	50	500	200	26
KFAW-Ⅱ-120	120	180	180	305	425	10	130	70	580	240	26
KFAW-Ⅱ-160	160	180	180	305	505	30	190	110	660	280	30
KFAW-Ⅱ-240	240	180	180	305	705	30	270	150	860	400	35
KFAW-Ⅱ-320	320	180	180	305	885	30	350	190	1020	480	40

续上表

型号	位移量 U_x	安装预留槽尺寸				梁端间隙			伸缩装置尺寸		
		H_1	H_2	L_1	L_2	F_{min}	F_{max}	$F_{设计值}$	A	B	C
KFAW-Ⅱ-400	400	180	180	305	1045	30	430	230	1180	560	45
KFAW-Ⅱ-480	480	180	180	305	1205	30	510	270	1340	640	50
KFAW-Ⅱ-560	560	180	180	305	1365	50	610	330	1500	720	50
KFAW-Ⅱ-640	640	180	180	305	1525	50	690	370	1660	800	55
KFAW-Ⅱ-720	720	200	200	305	1685	50	770	410	1820	880	60
KFAW-Ⅱ-800	800	200	200	305	1845	50	850	450	1980	960	65
KFAW-Ⅱ-880	880	200	200	305	2005	50	930	490	2160	1040	70

2.2.2.5 跨缝式（KFA-Ⅲ）连梁型无螺栓多向变位桥梁伸缩装置

跨缝式（KFA-Ⅲ）连梁型无螺栓多向变位桥梁伸缩装置是在跨缝式（KFA-Ⅰ）桥梁伸缩装置的基础上改进而来，它取消了锚固螺栓结构，从而消除了螺栓松动的缺点。

1）跨缝式（KFA-Ⅲ）连梁型无螺栓多向变位桥梁伸缩装置的结构形式

跨缝式（KFA-Ⅲ）连梁型无螺栓多向变位伸缩装置由若干组标准单元和非标准单元组成，每组单元由多向变位铰、竖向转轴、跨缝梳齿板、止水带结构等组成。装置无锚固螺栓组，通过可调连接钢板与预埋钢板（或钢结构梁体）焊接固定，结构示意见图2.23。

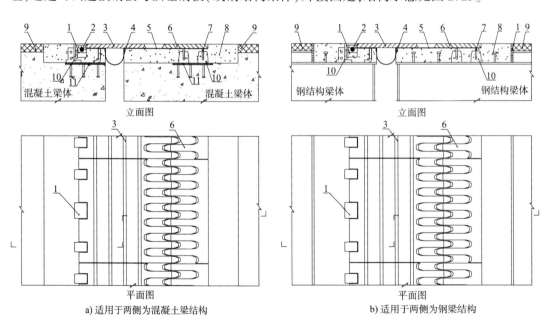

图2.23 跨缝式（KFA-Ⅲ）连梁型无螺栓多向变位桥梁伸缩装置结构示意图
1-多向变位铰；2-竖向转轴；3-跨缝梳齿板；4-止水带结构；5-滑板；6-固定梳齿板；7-锚固钢板；8-后浇C50纤维混凝土；9-桥面铺装层；10-可调连接钢板；11-预埋钢板（含剪力钉）

2）跨缝式（KFA-Ⅲ）连梁型无螺栓多向变位桥梁伸缩装置的设计参数

跨缝式（KFA-Ⅲ）连梁型无螺栓多向变位桥梁伸缩装置适用于两侧均为混凝土梁体或

钢箱梁体,产品通过连接钢板与预埋钢板或钢箱梁焊接固定,并浇筑混凝土过渡段,如图 2.24 所示。各型号的安装预留槽、梁端间隙和伸缩装置结构尺寸详见表 2.10。

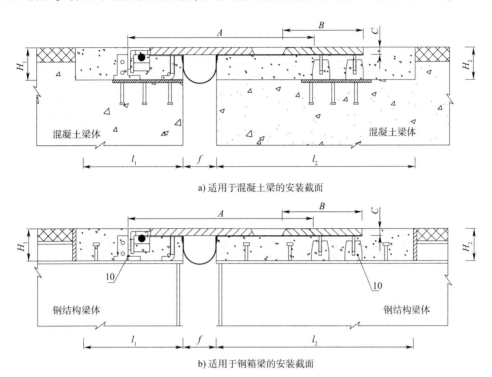

图 2.24 跨缝式(KFA-Ⅲ)连续型无螺栓多向变位伸缩装置的安装截面

跨缝式(KFA-Ⅲ)多向变位伸缩装置设计参数(单位:mm)　　　表 2.10

型号	位移量	安装预留槽尺寸				梁端间隙			伸缩装置尺寸		
	U_x	H_1	H_2	L_1	L_2	F_{min}	F_{max}	$F_{设计值}$	A	B	C
KFA-Ⅲ-80	80	180	180	550	550	10	90	50	500	200	26
KFA-Ⅲ-120	120	180	180	550	680	10	130	70	580	240	26
KFA-Ⅲ-160	160	180	180	550	760	30	190	110	680	280	30
KFA-Ⅲ-240	240	180	180	550	980	30	270	150	870	400	35
KFA-Ⅲ-320	320	180	180	550	1140	30	350	190	1020	480	40
KFA-Ⅲ-400	400	180	180	550	1300	30	430	230	1180	560	45
KFA-Ⅲ-480	480	180	180	550	1460	30	510	270	1340	640	50
KFA-Ⅲ-560	560	180	180	550	1620	50	610	330	1500	720	50
KFA-Ⅲ-640	640	180	180	550	1780	50	690	370	1660	800	55
KFA-Ⅰ Ⅲ-720	720	200	200	550	1940	50	770	410	1820	880	60
KFA-Ⅲ-800	800	200	200	550	2100	50	850	450	1980	960	65
KFA-Ⅲ-880	880	200	200	550	2260	50	930	490	2160	1040	70

注:本表中没有涵盖的伸缩装置规格型号需根据情况进行特殊设计。

2.2.2.6 跨缝式(KFAW-Ⅲ)无过渡混凝土连梁型无螺栓多向变位桥梁伸缩装置

跨缝式(KFAW-Ⅲ)无过渡混凝土连梁型无螺栓多向变位桥梁伸缩装置是在跨缝式(KFA-Ⅲ)无螺栓多向变位桥梁伸缩装置的基础上改进而来,它取消了过渡段混凝土,从而消除了过渡段浇注式混凝土容易破损的缺点。同时,为了保护伸缩装置,在单元式多向变位桥梁伸缩装置两侧与铺装层之间,增设了防撞挡板,代替了过渡段浇注式混凝土的功能。

1)跨缝式(KFAW-Ⅲ)无过渡混凝土连梁型无螺栓多向变位桥梁伸缩装置的结构形式

跨缝式(KFAW-Ⅲ)无过渡混凝土连梁型无螺栓多向变位伸缩装置,由若干组标准单元和非标准单元组成,每组单元由防撞挡板、多向变位铰、竖向转轴、跨缝梳齿板等组成,装置两侧不设置混凝土过渡段,无锚固螺栓组,通过可调连接钢板与预埋钢板(或钢结构梁体)焊接固定,结构示意见图2.25。

2)跨缝式(KFAW-Ⅲ)无过渡混凝土连梁型无螺栓多向变位桥梁伸缩装置设计参数

跨缝式(KFAW-Ⅲ)无过渡混凝土连梁型无螺栓多向变位桥梁伸缩装置的安装截面如图2.26所示,各型号的安装预留槽、梁端间隙和伸缩装置结构尺寸详见表2.11。

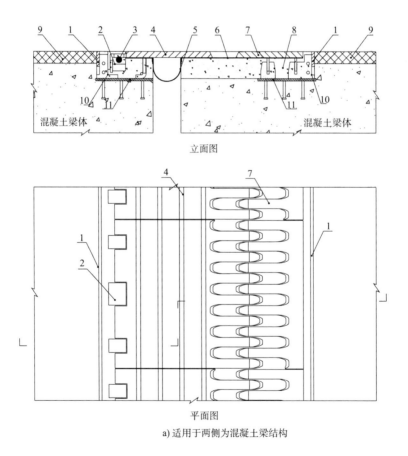

立面图

平面图

a)适用于两侧为混凝土梁结构

图 2.25

第2章 单元式多向变位伸缩装置的技术创新

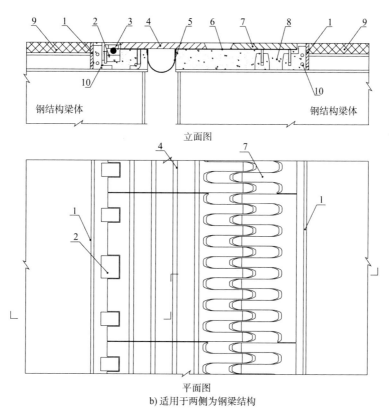

b) 适用于两侧为钢梁结构

图 2.25 跨缝式（KFAW-Ⅲ）无过渡段混凝土连梁型无螺栓多向变位桥梁伸缩装置结构示意图
1-防撞挡板；2-多向变位铰；3-竖向转轴；4-跨缝梳齿板；5-止水带结构；6-滑板；7-固定梳齿板；8-后浇 C50 纤维混凝土；9-桥面铺装层；10-可调连接钢板；11-预埋钢板（含剪力钉）

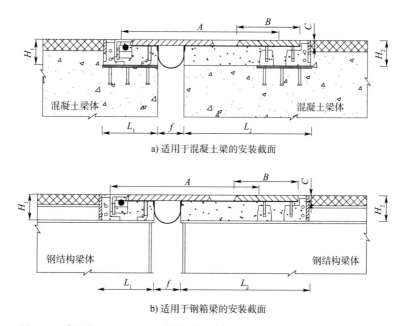

a) 适用于混凝土梁的安装截面

b) 适用于钢箱梁的安装截面

图 2.26 跨缝式（KFAW-Ⅲ）无过渡混凝土连梁型无螺栓多向变位伸缩装置示意图

跨缝式(KFAW-Ⅲ)无过渡混凝土连梁型无螺栓多向变位伸缩装置设计参数(单位:mm)   表2.11

型号	位移量	安装预留槽尺寸				梁端间隙			伸缩装置尺寸		
	U_x	H_1	H_2	L_1	L_2	F_{min}	F_{max}	$F_{设计值}$	A	B	C
KFAW-Ⅲ-80	80	180	180	365	425	10	90	50	500	200	26
KFAW-Ⅲ-120	120	180	180	365	505	10	130	70	580	240	26
KFAW-Ⅲ-160	160	180	180	365	585	30	190	110	660	280	30
KFAW-Ⅲ-240	240	180	180	365	785	30	270	150	860	400	35
KFAW-Ⅲ-320	320	180	180	365	965	30	350	190	1020	480	40
KFAW-Ⅲ-400	400	180	180	365	1125	30	430	230	1180	560	45
KFAW-Ⅲ-480	480	180	180	365	1285	30	510	270	1340	640	50
KFAW-Ⅲ-560	560	180	180	365	1445	50	610	330	1500	720	50
KFAW-Ⅲ-640	640	180	180	365	1605	50	690	370	1660	800	55
KFAW-Ⅲ-720	720	200	200	365	1765	50	770	410	1820	880	60
KFAW-Ⅲ-800	800	200	200	365	1925	50	850	450	1980	960	65
KFAW-Ⅲ-880	880	200	200	365	2085	50	930	490	2160	1040	70

2.2.2.7 跨缝式(KFB-Ⅰ)多向变位桥梁伸缩装置

不同于前述梁上支撑型的伸缩装置,跨缝式(KFB-Ⅰ)多向变位桥梁伸缩装置的支承平台固定在桥梁端部的外侧面,因此可以称为梁端支撑型伸缩装置。

1)跨缝式(KFB-Ⅰ)多向变位桥梁伸缩装置的结构形式

跨缝式(KFB-Ⅰ)多向变位桥梁伸缩装置由若干组标准单元和非标准单元组成,每组单元由支承平台、多向变位控制装置、竖向转轴、活动梳齿板等组成。多向变位控制装置安装在钢箱梁的梁端,结构示意见图2.27。

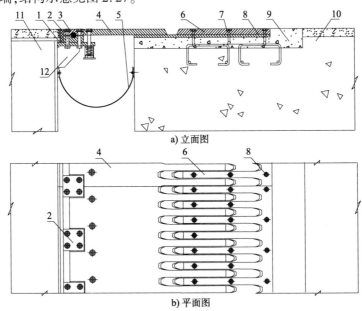

图2.27 跨缝式(KFB-Ⅰ)多向变位桥梁伸缩装置结构示意图

1-支承平台;2-多向变位控制装置;3-竖向转轴;4-活动梳齿板;5-导水装置;6-固定梳齿板;7-滑板;8-L形螺栓组;9-后浇C50纤维混凝土;10-梁(台);11-钢梁;12-支撑肋板

2012年建成通车的广西柳州双拥大桥,是中国内首座单主缆悬索桥,其部分伸缩装置即采用了此类结构,如图2.28所示。

a) 桥梁伸缩装置

b) 桥面

图2.28 广西柳州双拥大桥的KFB-Ⅰ型梁端支撑桥梁伸缩装置

2)跨缝式(KFB-Ⅰ)多向变位桥梁伸缩装置的设计参数

跨缝式(KFB-Ⅰ)多向变位桥梁伸缩装置适用于一侧为混凝土梁体,另一侧为钢结构梁体,混凝土梁体侧产品通过锚固螺栓和预埋钢筋焊接固定,钢结构梁体侧产品通过支承平台与支撑肋板和钢结构梁体焊接固定,如图2.29所示。各型号的安装预留槽、梁端间隙和伸缩装置结构尺寸详见表2.12。

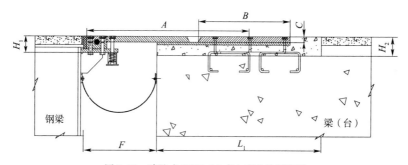

图2.29 跨缝式(KFB-Ⅰ)多向变位伸缩装置

跨缝式(KFB-Ⅰ)多向变位伸缩装置设计参数(单位:mm)　　　　表2.12

型号	位移量	安装预留槽尺寸			梁端间隙			伸缩装置尺寸		
	U_x	H_1	H_2	L_1	F_{min}	F_{max}	$F_{设计值}$	A	B	C
KFB-Ⅰ-80	80	167	180	500	150	230	190	500	200	26
KFB-Ⅰ-120	120	167	180	600	150	270	210	580	240	26
KFB-Ⅰ-160	160	171	180	760	170	330	250	680	280	30
KFB-Ⅰ-240	240	176	180	980	170	410	290	860	400	35
KFB-Ⅰ-320	320	181	180	1140	170	490	330	1020	480	40
KFB-Ⅰ-400	400	186	180	1300	170	570	370	1180	560	45
KFB-Ⅰ-480	480	191	180	1460	170	650	410	1340	640	50

续上表

型号	位移量	安装预留槽尺寸			梁端间隙			伸缩装置尺寸		
	U_x	H_1	H_2	L_1	F_{min}	F_{max}	$F_{设计值}$	A	B	C
KFB-Ⅰ-560	560	196	180	1620	190	750	470	1500	720	50
KFB-Ⅰ-640	640	201	180	1780	190	830	510	1660	800	55
KFB-Ⅰ-720	720	206	200	1940	190	910	550	1820	880	60
KFB-Ⅰ-800	800	211	200	2100	190	990	590	1980	960	65
KFB-Ⅰ-880	880	216	200	2260	190	1070	630	2160	1040	70

2.2.2.8 跨缝式(KFB-Ⅱ)多向变位桥梁伸缩装置

港珠澳大桥的部分伸缩装置要求梁端水平转动比较大,同时由于现场安装深度的限制,无法安装常规的竖向、水平转动结构。因此,提出薄型的多向变位桥梁伸缩装置。

1) 跨缝式(KFB-Ⅱ)多向变位桥梁伸缩装置的结构形式

跨缝式(KFB-Ⅱ)多向变位桥梁伸缩装置由若干组标准单元和非标准单元组成,每组单元由支承平台、水平转轴、多向变位控制装置、活动梳齿板等组成。多向变位控制装置安装在钢箱梁的梁端,结构示意见图2.30。

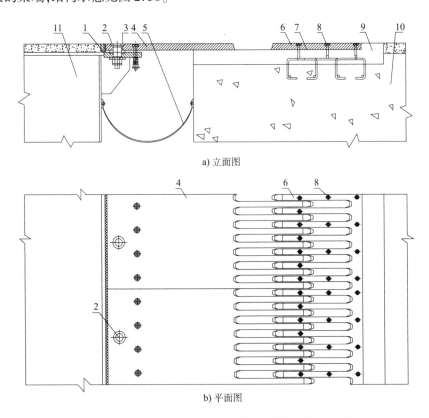

a) 立面图

b) 平面图

图2.30 跨缝式(KFB-Ⅱ)多向变位桥梁伸缩装置结构示意图

1-支承平台;2-水平转轴;3-多向变位控制装置;4-活动梳齿板;5-导水装置;6-固定梳齿板;7-滑板;8-L形螺栓组;9-后浇C50纤维混凝土;10-梁(台);11-支撑肋板

跨缝式(KFB-Ⅱ)多向变位桥梁伸缩装置结合了梁体结构的需要,将多向变位控制装置的安装位置由梁体内移至梁端固定,仅适用于有钢结构梁体的项目。港珠澳大桥上部分钢梁与组合梁的对接部位即采用了此类伸缩装置,如图2.31所示。

图2.31　港珠澳大桥上的跨缝式(KFB-Ⅱ)多向变位桥梁伸缩装置

2)跨缝式(KFB-Ⅱ)多向变位桥梁伸缩装置的设计参数

跨缝式(KFB-Ⅱ)多向变位桥梁伸缩装置适用于一侧为混凝土梁体,另一侧为钢结构梁体,混凝土梁体侧产品通过锚固螺栓和预埋钢筋焊接固定,钢结构梁体侧产品通过支承平台与支撑肋板和钢结构梁体焊接固定,如图2.32所示。各型号的安装预留槽、梁端间隙和伸缩装置结构尺寸详见表2.13。

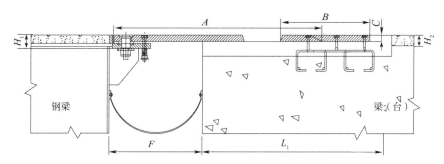

图2.32　跨缝式(KFB-Ⅱ)多向变位伸缩装置的安装截面

跨缝式(KFB-Ⅱ)薄型多向变位伸缩装置设计参数(单位:mm)　　表2.13

型号	位移量	安装预留槽尺寸			梁端间隙			伸缩装置尺寸		
	U_x	H_1	H_2	L_1	F_{min}	F_{max}	$F_{设计值}$	A	B	C
KFB-Ⅱ-80	80	81	180	500	410	490	450	580	200	26
KFB-Ⅱ-120	120	81	180	600	410	530	470	620	240	26
KFB-Ⅱ-160	160	85	180	760	430	590	510	760	280	30
KFB-Ⅱ-240	240	90	180	980	430	670	550	940	400	35
KFB-Ⅱ-320	320	95	180	1140	430	750	590	1120	480	40
KFB-Ⅱ-400	400	100	180	1300	430	830	630	1280	560	45
KFB-Ⅱ-480	480	105	180	1460	430	910	670	1440	640	50

续上表

型号	位移量	安装预留槽尺寸			梁端间隙			伸缩装置尺寸		
	U_x	H_1	H_2	L_1	F_{min}	F_{max}	$F_{设计值}$	A	B	C
KFB-Ⅱ-560	560	105	180	1620	450	1010	730	1600	720	50
KFB-Ⅱ-640	640	110	180	1780	450	1090	770	1760	800	55
KFB-Ⅱ-720	720	115	200	1940	450	1170	810	1920	880	60
KFB-Ⅱ-800	800	120	200	2100	450	1250	850	2080	960	65
KFB-Ⅱ-880	880	125	200	2260	450	1330	890	2240	1040	70
KFB-Ⅱ-960	960	130	200	2420	450	1410	930	2400	1120	75

注:本表中没有涵盖的伸缩装置规格型号需根据情况进行特殊设计。

2.2.3 骑缝式多向变位桥梁伸缩装置

当伸缩位移量在800mm以上时,宜选用骑缝式多向变位桥梁伸缩装置。装置的多向变位控制系统设置有多层转动结构层,上层为竖向转动轴结构层,中间为水平转动轴结构层,下部为水平滑移结构层,最后是支承平台结构层。竖向转动的结构和工作原理和跨缝式伸缩装置相同,水平转动结构示意图如图2.33所示,其工作原理是:在每一个单元块的中下部均设置一个水平转动轴机构,整个伸缩装置的上部结构通过水平转动轴(图2.33中所指零件)固定在支承平台上。当梁体发生水平转动时,多向变位铰下面的支承平台部分随着梁体转动,而伸缩装置的上部结构通过水平转动轴与支承平台之间的转动进行分解,确保上部梳齿结构不会随着梁的转动而发生弧形变位。

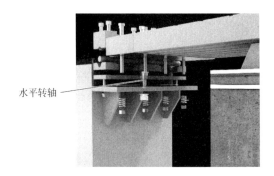

图2.33 水平转动结构示意图

根据应用场景和要求的不同,骑缝式多向变位伸缩装置可以分为"支承平台在梁内""支撑平台在梁外"两种类型。

2.2.3.1 骑缝式(QFA)多向变位桥梁伸缩装置

1)骑缝式(QFA)多向变位桥梁伸缩装置的结构形式

骑缝式(QFA)多向变位桥梁伸缩装置的支承平台在梁内,它由若干组标准单元和非标准单元组成,每组单元由支承平台、水平转轴、转角变位控制装置、竖向转轴等组成。装置两侧支承点均设置在梁体上,结构示意图见图2.34。

山东东明大桥即采用了骑缝式(QFA)多向变位桥梁伸缩装置,如图2.35所示。

第2章 单元式多向变位伸缩装置的技术创新

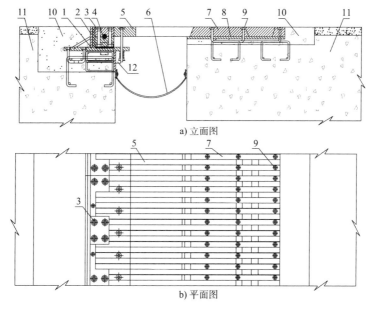

图 2.34 骑缝式（QFA）多向变位桥梁伸缩装置结构示意图

1-支承平台；2-水平转轴；3-转角变位控制装置；4-竖向转轴；5-活动梳齿板；6-导水装置；7-固定梳齿板；8-滑板；9-L 形螺栓组；10-后浇 C50 纤维混凝土；11-梁（台）；12-支撑肋板

图 2.35 山东东明大桥上的骑缝式（QFA）多向变位桥梁伸缩装置

2) 骑缝式（QFA）多向变位桥梁伸缩装置的设计参数

骑缝式（QFA）多向变位桥梁伸缩装置适用于伸缩装置两侧均为混凝土梁体，产品通过锚固螺栓与预埋钢筋焊接固定，如图 2.36 所示。各型号的安装预留槽、梁端间隙和伸缩装置结构尺寸详见表 2.14。

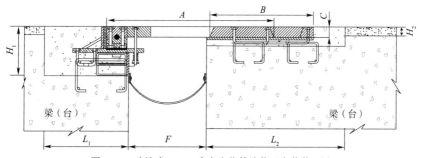

图 2.36 骑缝式（QFA）多向变位伸缩装置安装截面图

057

骑缝式(QFA)多向变位伸缩装置设计参数表(单位:mm)   表2.14

型号	位移量 U_x	安装预留槽尺寸				梁端间隙			伸缩装置尺寸		
		H_1	H_2	L_1	L_2	F_{min}	F_{max}	$F_{设计值}$	A	B	C
QFA-800	800	420	350	700	1780	190	990	590	1620	1400	115
QFA-880	880	420	350	700	1860	190	1070	630	1700	1480	120
QFA-960	960	420	350	700	1940	190	1150	670	1780	1560	125
QFA-1040	1040	480	350	700	2020	190	1230	710	1860	1640	130
QFA-1120	1120	480	400	700	2100	190	1310	750	1940	1720	135
QFA-1200	1200	480	400	700	2180	190	1390	790	2020	1800	140
QFA-1280	1280	480	400	700	2260	190	1470	830	2100	1880	145
QFA-1360	1360	560	400	700	2340	190	1550	870	2180	1960	150
QFA-1440	1440	560	400	700	2420	190	1630	910	2260	2040	155
QFA-1520	1520	560	400	700	2500	190	1710	950	2340	2120	160
QFA-1600	1600	560	450	700	2580	190	1790	990	2420	2200	165
QFA-1680	1680	560	450	800	2760	220	1900	1060	2500	2280	170
QFA-1760	1760	560	450	800	2840	220	1980	1100	2580	2360	175
QFA-1840	1840	640	450	800	2920	220	2060	1140	2660	2440	180
QFA-1920	1920	640	450	800	3000	220	2140	1180	2740	2520	185
QFA-2000	2000	640	450	800	3080	220	2220	1220	2820	2600	190
QFA-2080	2080	640	450	800	3160	220	2300	1260	2900	2680	195
QFA-2160	2160	640	450	800	3240	220	2380	1300	2980	2760	200
QFA-2240	2240	640	500	800	3320	220	2460	1340	3060	2840	205
QFA-2320	2320	640	500	800	3400	220	2540	1380	3140	2920	210
QFA-2400	2400	700	500	800	3480	220	2620	1420	3220	3000	215
QFA-2480	2480	700	500	800	3560	220	2700	1460	3300	3080	220
QFA-2560	2560	700	500	800	3640	220	2780	1500	3380	3160	225
QFA-2640	2640	700	500	800	3720	220	2860	1540	3460	3240	230
QFA-2720	2720	700	500	800	3800	220	2940	1580	3540	3320	235
QFA-2800	2800	760	500	800	3880	220	3020	1620	3620	3400	240
QFA-2880	2880	760	500	800	3960	220	3100	1660	3700	3480	245
QFA-2960	2960	760	500	800	4040	220	3180	1700	3780	3560	250
QFA-3000	3000	760	500	800	4120	220	3220	1720	3860	3640	255

注:本表中没有涵盖的伸缩装置规格型号需根据情况进行特殊设计。

2.2.3.2 骑缝式(QFB)多向变位桥梁伸缩装置

1)骑缝式(QFB)多向变位桥梁伸缩装置的结构形式

骑缝式(QFB)多向变位桥梁伸缩装置的支承平台在梁外,它由若干组标准单元和非标准单元组成,每组单元由支承平台、水平转轴、多向变位控制装置、竖向转轴等组成。产品的多向变位控制结构装置支承点设置在钢结构梁体端部,结构示意见图2.37。

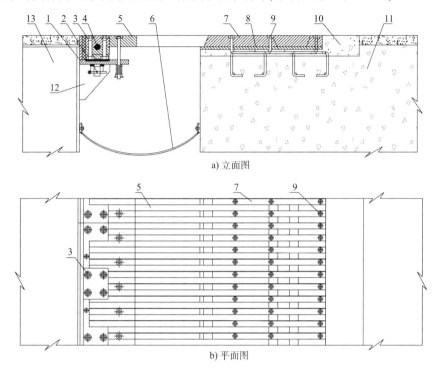

图 2.37 骑缝式(QFB)多向变位桥梁伸缩装置结构示意图

1-支承平台;2-水平转轴;3-多向变位控制装置;4-竖向转轴;5-活动梳齿板;6-导水装置;7-固定梳齿板;8-滑板;9-L形螺栓组;10-后浇C50纤维混凝土;11-梁(台);12-支撑肋板;13-钢梁

2020年建成通车的云南华丽高速公路金沙江大桥,主桥为跨径1386m的双塔悬索桥,其上安装的伸缩装置即采用了这种结构,如图2.38所示。

图 2.38 骑缝式(QFB)多向变位桥梁伸缩装置应用

2)骑缝式(QFB)多向变位桥梁伸缩装置的设计参数

骑缝式(QFB)多向变位桥梁伸缩装置适用于一侧为混凝土梁体,另一侧为钢结构梁体的情形,混凝土梁体侧产品通过锚固螺栓和预埋钢筋焊接固定,钢结构梁体侧产品通过支承平台与支撑肋板和钢结构梁体焊接固定,如图2.39所示。各型号的安装预留槽、梁端间隙和伸缩装置结构尺寸详见表2.15。

公路桥梁单元式多向变位伸缩装置

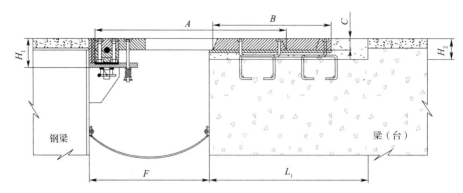

图 2.39 骑缝式(QFB)多向变位伸缩装置安装截面图

骑缝式(QFB)多向变位伸缩装置设计参数表(单位:mm)　　表 2.15

型号	位移量	安装预留槽尺寸			梁端间隙			伸缩装置尺寸		
	U_x	H_1	H_2	L_1	F_{min}	F_{max}	$F_{设计值}$	A	B	C
QFB-800	800	261	350	1780	440	1240	840	1620	1400	115
QFB-880	880	266	350	1860	440	1320	880	1700	1480	120
QFB-960	960	271	350	1940	440	1400	920	1780	1560	125
QFB-1040	1040	276	350	2020	440	1480	960	1860	1640	130
QFB-1120	1120	281	400	2100	440	1560	1000	1940	1720	135
QFB-1200	1200	286	400	2180	440	1640	1040	2020	1800	140
QFB-1280	1280	291	400	2260	440	1720	1080	2100	1880	145
QFB-1360	1360	296	400	2340	440	1800	1120	2180	1960	150
QFB-1440	1440	301	400	2420	440	1880	1160	2260	2040	155
QFB-1520	1520	306	400	2500	440	1960	1200	2340	2120	160
QFB-1600	1600	311	450	2580	440	2040	1240	2420	2200	165
QFB-1680	1680	316	450	2760	470	2150	1310	2500	2280	170
QFB-1760	1760	321	450	2840	470	2230	1350	2580	2360	175
QFB-1840	1840	326	450	2920	470	2310	1390	2660	2440	180
QFB-1920	1920	331	450	3000	470	2390	1430	2740	2520	185
QFB-2000	2000	336	450	3080	470	2470	1470	2820	2600	190
QFB-2080	2080	341	450	3160	470	2550	1510	2900	2680	195
QFB-2160	2160	346	450	3240	470	2630	1550	2980	2760	200
QFB-2240	2240	351	500	3320	470	2710	1590	3060	2840	205
QFB-2320	2320	356	500	3400	470	2790	1630	3140	2920	210
QFB-2400	2400	361	500	3480	470	2870	1670	3220	3000	215
QFB-2480	2480	366	500	3560	470	2950	1710	3300	3080	220
QFB-2560	2560	371	500	3640	470	3030	1750	3380	3160	225
QFB-2640	2640	376	500	3720	470	3110	1790	3460	3240	230
QFB-2720	2720	381	500	3800	470	3190	1830	3540	3320	235
QFB-2800	2800	386	500	3880	470	3270	1870	3620	3400	240

续上表

型号	位移量 U_x	安装预留槽尺寸 H_1	H_2	L_1	梁端间隙 F_{min}	F_{max}	$F_{设计值}$	伸缩装置尺寸 A	B	C
QFB-2880	2880	391	500	3960	470	3350	1910	3700	3480	245
QFB-2960	2960	396	500	4040	470	3430	1950	3780	3560	250
QFB-3000	3000	401	500	4120	470	3470	1970	3860	3640	255

注:本表中没有涵盖的伸缩装置规格型号需根据情况进行特殊设计。

2.3 单元式梳齿板式桥梁伸缩装置的新进展

单元式多向变位伸缩装置在工程中的应用,也经过了漫长而不断改进的过程,得到了国内外诸多专家、科研机构和用户的大力关心和支持,装置的结构和使用性能日臻完善。本书结合作者二十多年的实践经验和桥梁的特殊设计需要,创新推出了一系列连梁锚固防冲击结构、大变位自适应多维耦合结构和其他特殊结构类型产品。

2.3.1 连梁锚固防冲击梳齿板式伸缩装置

传统桥梁伸缩装置存在预留槽区不规范、预埋钢筋缺失或断裂失效、过渡段混凝土破损、止水带破漏、螺栓松动等问题。连梁锚固防冲击梳齿伸缩装置取消了过渡段混凝土,解决了过渡段混凝土易破裂损坏问题;设置了防冲击挡板,提升了装置防冲击耐久性能;采用了预埋钢板结构,解决了预埋钢筋易受压变形和抗拉拔力不足的问题;通过连接钢板与预埋钢板直接焊接固定,提高了伸缩装置与梁体之间的整体锚固强度。连梁锚固防冲击梳齿伸缩装置具有结构合理、抗冲击能力强、与梁体锚固可靠等特点,可提升伸缩装置的防冲击耐久性和安全性,降低全生命周期的运营成本,有着良好的推广应用前景。连梁锚固防冲击梳齿板式伸缩装置品种与性能适用范围应符合表2.16的规定。

连梁锚固防冲击梳齿板式伸缩装置品种与性能适用范围　　表2.16

序号	产品分类		代号	纵向伸缩量 e^a (mm)	竖向转角[b] (rad)	水平转角[b] (rad)	横向位移量[c] (mm)
1	悬臂连梁锚固防冲击梳齿板式伸缩装置	Ⅰ型	XCF-Ⅰ	$40 \leq e \leq 160$	—	—	—
2		Ⅱ型	XCF-Ⅱ		—	—	—
3	简支连梁锚固防冲击梳齿板式伸缩装置	Ⅰ型	JCF-Ⅰ	$160 \leq e \leq 400$	—	—	—
4		Ⅱ型	JCF-Ⅱ		—	—	—
5	简支连梁锚固防冲击承载齿条无缝伸缩装置		JDCF	$40 \leq e \leq 160$	—	—	—
6	跨缝轴转防冲击梳齿板式伸缩装置	A型	KZCF-A	$80 \leq e \leq 880$	$\pm 0.01 \sim \pm 0.03$		
7		B型	KZCF-B				
8		C型	KZCF-C				

注:a 纵向伸缩量 e 的范围为 40~2960mm,其中160mm及以下的按40mm为一档,160mm以上的按80mm为一档。
　　b 竖向转角和水平转角的范围为 ±0.01~±0.06rad,按 ±0.01 rad 为一档。
　　c 横向位移量的范围为 ±50~±200mm,按 ±50mm 为一档。

2.3.1.1 XCF 悬臂连梁锚固防冲击梳齿板式伸缩装置

XCF 悬臂连梁锚固防冲击梳齿板式伸缩装置结构示意图如图 2.40 所示,每个单元组主要由防冲击挡板、调节钢板、伸缩组件、预埋钢板组件等组成。预埋钢板组件由制梁厂或土建施工单位前期施工完成,伸缩组件、防冲击挡板、调节钢板在工厂内完成零部件生产加工并现场安装。止水系统或弹性密水系统,以原料带到施工现场安装浇筑。

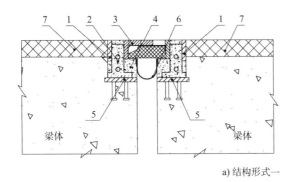 

a) 结构形式一

1-防冲击挡板;2-调节钢板;3-伸缩组件;4-后浇混凝土;5-预埋钢板组件;6-止水系统;7-桥面铺装

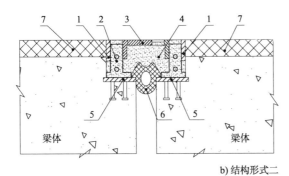 

b) 结构形式二

图 2.40 悬臂连梁锚固防冲击梳齿板式伸缩装置结构示意图
1-防冲击挡板;2-调节钢板;3-伸缩组件;4-弹性密水系统;5-预埋钢板组件;6-弹性密封条;7-桥面铺装

2.3.1.2 JCF 简支连梁锚固防冲击梳齿板式伸缩装置

JCF 简支连梁锚固防冲击梳齿板式伸缩装置结构示意图如图 2.41 所示,每个单元组主要由预埋钢板组件、止水系统或弹性密水系统、调节钢板、伸缩组件、防冲击挡板等组成。预埋钢板组件由制梁厂或土建施工单位前期施工完成,伸缩组件、防冲击挡板、调节钢板在工厂内完成零部件生产加工并现场安装。止水系统或弹性密水系统,以原料带到施工现场安装浇筑。

连梁锚固防冲击梳齿板式伸缩装置具有以下特点:①采用桥梁结构件预制装配技术,提高了伸缩缝与梁体的整体性,解决了预埋钢筋拉拔力不足、混凝土容易破损的缺陷;②采用防冲击挡板结构,有效解决了因沥青路面下陷形成高差导致原来过渡段混凝土破损问题,提升了伸缩装置的使用寿命;③产品整体结构与梁体焊接连接,缩短了力臂长度,减小了扭矩,耐久性强;④采用了防滑结构,具有高性能防滑;⑤采用高分子弹性材料填充伸缩缝区至全密封,解决伸缩缝槽区易漏水、渗水难题;⑥采用弧形渐变梳齿,交叉排列,同时高分子弹性材料吸收伸缩装置振动,从源头降低噪声;⑦采用单元式模块化设计,可分段单独维修,实现快速安装更换。其中悬臂连梁锚固防冲击梳齿板式伸缩装置纵向伸缩量适用范围为 40~160mm;简支连梁锚固防冲击梳齿板式伸缩装置纵向伸缩量使用范围为 160~400mm。

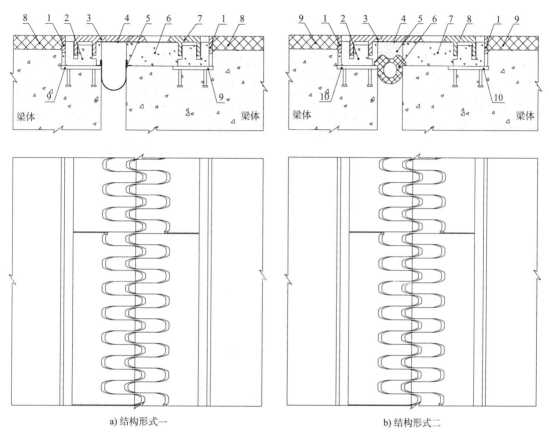

a) 结构形式一

b) 结构形式二

1-防冲击挡板;2-连接钢板;3-梳齿钢板1;4-不锈钢板组件;5-止水系统;6-后浇混凝土;7-梳齿钢板2;8-桥面铺装;9-预埋钢板组件

1-防冲击挡板;2-连接钢板;3-梳齿钢板1;4-不锈钢板组件;5-弹性密水系统;6-橡胶密封带;7-后浇混凝土;8-梳齿钢板2;9-桥面铺装;10-预埋钢板组件

图 2.41 简支连梁锚固防冲击梳齿板式伸缩装置结构示意图

2.3.1.3 JDCF 型简支连梁防冲击承载齿条无缝伸缩装置

JDCF 型简支连梁锚固防冲击承载齿条无缝伸缩装置结构示意图如图 2.42 所示,每个单元组主要由防冲击挡板、梳齿条、稳定元件、连接钢板、橡胶密封带和高分子弹性材料等组成。

该伸缩装置具有以下特点:①采用防冲击挡板技术,取消了过渡段混凝土,提升了伸缩缝抗冲击能力;②齿条与高分子弹性材料 B 的有效结合,实现了伸缩缝区的无缝连接;③齿条承受车载以及车辆通过时的冲击,高分子弹性材料实现了变位,降低了车辆通过时的增量噪声;④高分子弹性材料填充伸缩装置至全密封,解决了伸缩缝槽区易漏渗水问题。装置纵向伸缩量使用范围为 40~160mm。

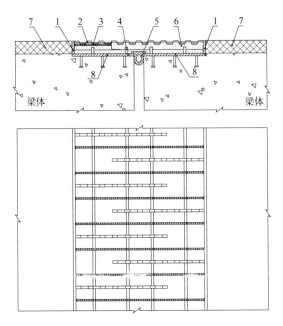

图 2.42 JDCF 型简支连梁防冲击承载齿条无缝伸缩装置结构示意图

1-防冲击挡板;2-梳齿条;3-稳定元件;4-连接钢板;5-橡胶密封带;6-高分子弹性材料;7-桥面铺装;8-预埋钢板组件

2.3.1.4 KZCF-A 型跨缝轴转防冲击梳齿板式伸缩装置

KZCF-A 型跨缝轴转防冲击梳齿板式伸缩装置结构示意图如图 2.43 所示,每个单元组由防冲击挡板、多向变位铰、竖向转轴、活动梳齿钢板、导水装置、不锈钢滑板、锚固螺栓组、固定梳齿钢板等组成。

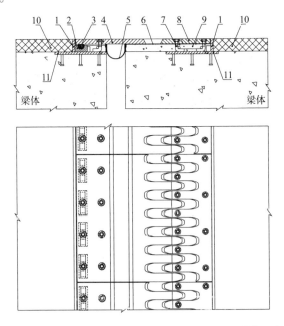

图 2.43 KZCF-A 型跨缝轴转防冲击梳齿板式伸缩装置结构示意图

1-防冲击挡板;2-多向变位铰;3-竖向转轴;4-活动梳齿钢板;5-导水装置;6-不锈钢滑板;7-锚固螺栓组;8-固定梳齿钢板;9-后浇混凝土;10-桥面铺装层;11-预埋钢板组件

2.3.1.5　KZCF-B 型跨缝轴转防冲击梳齿板式伸缩装置

KZCF-B 型跨缝轴转防冲击梳齿板式伸缩装置结构示意图如图 2.44 所示,每个单元组由防冲击挡板、多向变位铰、竖向转轴、活动梳齿钢板、导水装置、不锈钢滑板、锚固螺栓组、固定梳齿钢板、后浇混凝土组成。

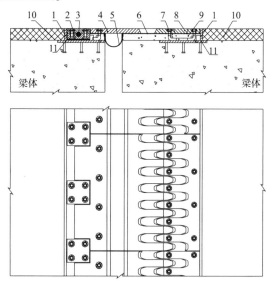

图 2.44　KZCF-B 型跨缝轴转防冲击梳齿板伸缩装置结构示意图

1-防冲击挡板;2-多向变位铰;3-竖向转轴;4-活动梳齿钢板;5-导水装置;6-不锈钢滑板;7-锚固螺栓组;8-固定梳齿钢板;9-后浇混凝土;10-桥面铺装层;11-预埋钢板组件

2.3.1.6　KZCF-C 型跨缝轴转防冲击梳齿板伸缩装置

KZCF-C 型跨缝轴转防冲击梳齿板伸缩装置结构示意图如图 2.45 所示,每个单元组由防冲击挡板、连接钢板、竖向转轴、无栓多向变位铰、活动梳齿钢板、导水装置、不锈钢滑板、固定梳齿钢板等组成。

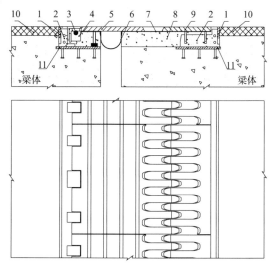

图 2.45　KZCF-C 型跨缝轴转防冲击梳齿板伸缩装置结构示意图

1-防冲击挡板;2-连接钢板;3-竖向转轴;4-无栓多向变位铰;5-活动梳齿钢板;6-导水装置;7-不锈钢滑板;8-后浇混凝土;9-固定梳齿钢板;10-桥面铺装;11-预埋钢板组件

2.3.2 大变位自适应多维耦合桥梁伸缩装置

大变位自适应多维耦合桥梁伸缩装置是基于对特大型柔性桥梁风、温度、车辆等可变荷载作用,在对梁端运动变位的系统性影响研究基础上,同时结合国内外各类大位移桥梁伸缩装置结构、使用性能和问题,通过独创的轴转、燕尾、偏位转盘、减隔震、传导等机构单独或协同工作机理,主动适应桥梁梁体的复杂变位,用以柔克刚的方式释放和化解外力对装置的作用。本装置可独立或耦合实现竖向、水平转动 ±0.06rad、扭转 ±0.01rad,横向位移 ±150mm,纵向位移达 3000mm 以上,经 200 万次疲劳加载试验未出现疲劳裂纹。本装置满足特大桥梁端扭、转、移等多维耦合变位需求,可实现大桥连接处路面平顺、安全、耐久,其变位结构示意图如图 2.46 所示。

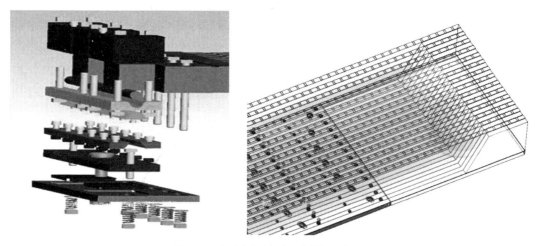

图 2.46 自适应多维耦合变位结构示意图

2.3.2.1 ZDF-Ⅰ大变位自适应多维耦合桥梁伸缩装置

ZDF-Ⅰ大变位自适应多维耦合桥梁伸缩装置是由若干组标准单元和非标准单元组成,每组单元由防撞挡板、水平转轴、多向变位铰、竖向转轴等组成,结构示意见图 2.47。

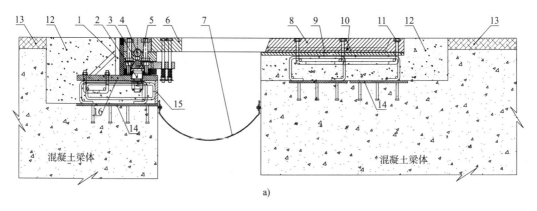

图 2.47

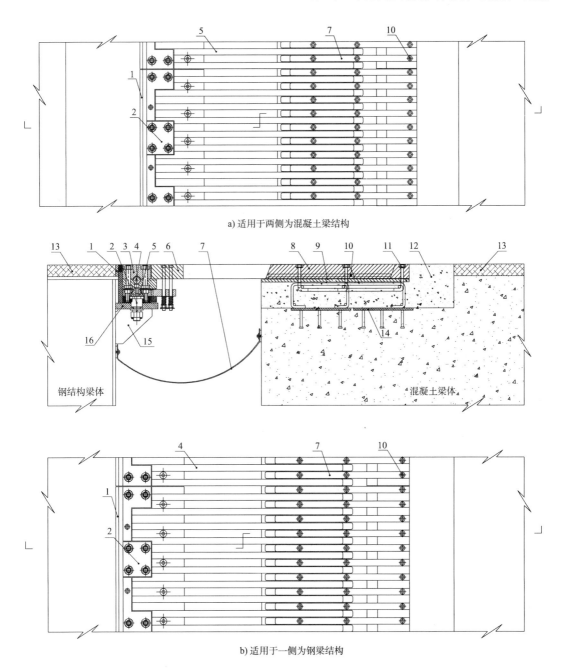

图 2.47 ZDF-Ⅰ大变位自适应多维耦合桥梁伸缩装置结构示意图

1-防撞挡板;2-水平转轴;3-多向变位铰;4-竖向转轴;5-燕尾横向位移结构;6-跨缝梳齿板;7-止水带结构;8-滑板;9-防翘限位滑动副;10-固定梳齿板;11-L形锚固螺栓组;12-后浇C50纤维混凝土;13-桥面铺装层;14-预埋钢板(含剪力钉);15-支承平台;16-支撑肋板

2.3.2.2 ZDF-Ⅱ大变位自适应多维耦合桥梁伸缩装置

ZDF-Ⅱ自适应多维耦合桥梁伸缩装置是由若干组标准单元和非标准单元组成,每组单元由防冲击挡板、水平转轴、燕尾横向位移机构、竖向转轴等组成,结构示意图见图2.48。

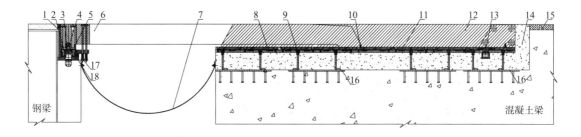
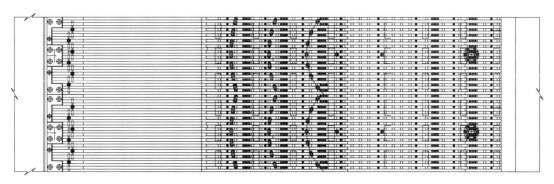

图2.48 ZDF-Ⅱ大变位自适应多维耦合桥梁伸缩装置

1-防冲击挡板;2-水平转轴;3-燕尾横向位移机构;4-竖向转轴;5-轴座;6-活动梳齿钢板;7-导水装置;8-不锈钢滑板和支撑钢板;9-锚固螺栓组;10-防翘限位活动副;11-减隔震机构;12-固定梳齿钢板;13-偏位转盘机构;14-后浇混凝土;15-桥面铺装层;16-预埋钢板组件;17-弹性安全控制组件;18-支承平台

2019年建成的广东南沙大桥中的主跨1688m的坭洲水道桥为当时世界上最大跨径钢箱梁悬索桥,结构柔性大,两端位移量大,变位复杂,因此,采用了具有6个自由度自适应多维耦合桥梁伸缩装置,如图2.49a)所示,其横向位移功能为±100mm、纵向伸缩量达到2640mm,为已建国内第一大桥梁伸缩装置。2023年,依托张靖皋长江大桥南航道桥研发的3120型超大跨径缆索承重桥梁大变位自适应多维耦合桥梁伸缩装置结合桥梁动力特性,设置偏位转盘机构,可同时适应梁体的纵、横、竖向位移和竖向、水平向转角及扭转变位的要求。最大纵桥向伸缩位移量可达到3120mm(±1560mm),是世界第一大纵向位移量的桥梁伸缩装置,如图2.49b)所示。

a) QFZ-2640型自适应多维耦合梁伸缩装置　　　b) QFZ-3120型自适应多维耦合桥梁伸缩装置

图2.49 自适应多维耦合桥梁伸缩装置

2.3.3 特殊结构的多向变位桥梁伸缩装置

2.3.3.1 具有横向位移功能的多向变位桥梁伸缩装置

常规桥梁工程中,两侧梁体的相对横向位移较小,所采用的桥梁伸缩装置均不具备横向位移功能。而有的桥梁工程采用了半漂浮或全漂浮体系结构,以及部分地区考虑地震位移的需求,要求伸缩装置应具备相应的横向位移功能,如图2.50所示。

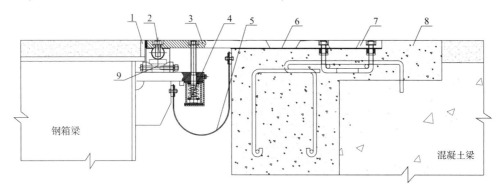

图2.50 具有横向位移功能的多向变位伸缩装置结构示意图

1-防冲击挡板;2-多向变位铰(和竖向转轴);3-跨缝梳齿板;4-弹性保险螺栓;5-橡胶止水带结构;6-不锈钢滑板;7-固定梳齿钢板;8-后浇C50钢纤维混凝土;9-横向位移结构

2008年通车的杭州湾跨海大桥工程,其中海中平台与匝道对接处的桥梁伸缩装置就采用了具有±200mm横向位移功能的多向变位伸缩装置,如图2.51所示。

图2.51 杭州湾跨海大桥海中平台横向位移结构伸缩装置

2.3.3.2 具有防陷措施的多向变位桥梁伸缩装置

当桥梁不仅有机动车通行要求,而且有非机动车道通行要求时,如果采用常规的多向变位梳齿板式伸缩装置(梳齿宽度为45mm,齿槽宽度为55mm),非机动车的轮胎便可能陷入齿槽内,从而导致安全事故。

为了消除这一类型的安全隐患,具有防陷措施的多向变位伸缩装置对梳齿结构进行了优化改进。考虑到非机动车相关标准的要求,即摩托车的车轮最小宽度为53.97mm、城市电动车的车轮最小宽度为50.8mm,对非机动车道处的桥梁伸缩装置进行优化处理,梳齿宽度设定为42mm/30mm/20mm,梳齿槽宽度设定为48mm/36mm/25mm,以满足不同非机动车的通行要求。具有防陷措施的多向变位桥梁伸缩装置如图2.52所示。

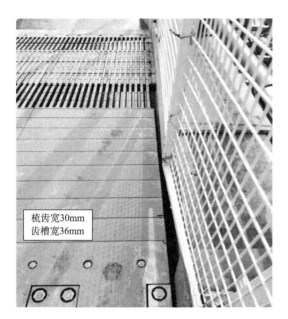
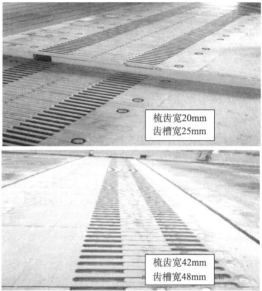

a) 细齿结构单元式多向变位桥梁伸缩装置的应用

b) 可通行电动车的细齿结构桥梁伸缩装置

图2.52 具有防陷措施的多向变位桥梁伸缩装置

2.3.3.3 具有防翘措施的多向变位伸缩装置

因梁体多维运动、垃圾养护不及等导致部分活动梳齿板上翘,为克服梳齿板上翘,增加防翘措施,一种技术路径是在梳齿板大板侧设置多个圆柱销,小板侧设置滑槽。伸缩时,圆柱销在滑槽内滑动,限制活动梳齿板上翘,提高产品耐久可靠性、平顺性、安全性。其结构示意图见图2.53。

温州瓯江北口大桥是世界上首座三塔四跨双层钢桁梁悬索桥。主桥即采用了RBQF1440防翘防陷型单式多向变位伸缩装置,如图2.54所示。

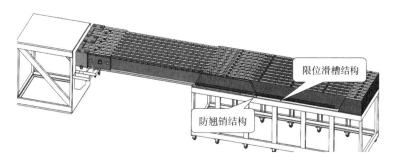

图 2.53 防翘伸缩装置示意图

图 2.54 温州瓯江北口大桥及其防翘防陷型伸缩装置

2.3.3.4 拼宽桥纵向变形装置

随着经济的发展，部分既有桥梁的宽度已经无法满足现有交通流量的要求，需进行拼宽或拓宽处理。拼接处也需要变形装置，且由于使用部位的特殊性，对该类装置提出了更多的要求。

拓宽、拼宽桥专用纵向变形装置需要解决以下几个关键问题：①拼接处的变形装置应同时具备纵向和横向位移功能，同时纵向位移量相对较大；②拼接处新、老桥体刚度不一致，当有车辆通过拼接缝时，新、老桥之间的竖向高差较大，要求变形装置具有相应的竖向转动适应性能；③变形装置应能适应新、老桥梁之间的不均匀沉降问题。为此，拓宽、拼宽桥纵向变形装置在常规的多向变位桥梁伸缩装置基础上进行了多项优化和改进，例如设置竖向接缝、取消梳齿结构等。根据变形装置跨缝钢板与支撑托板之间结构形式，分为以下两种结构形式：

(1)减震滑板式纵向变形装置(PZBF-Ⅰ)，每组单元由多向变位铰、弹簧螺栓组、跨缝钢板、支撑托板、减震滑板、锚固螺栓组、橡胶止水带等组成，结构示意见图2.55。

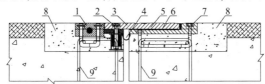

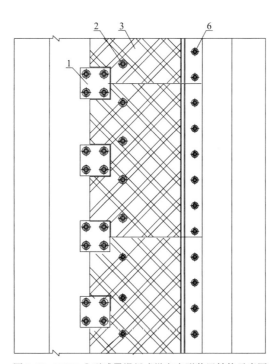

图2.55 PZBF-Ⅰ型减震滑板式纵向变形装置结构示意图

1-多向变位铰；2-弹簧螺栓组；3-跨缝钢板；4-橡胶止水带；5-减震滑板；6-支撑托板；7-锚固螺栓组；8-后浇混凝土；9-预埋钢筋

(2)弧形转轴式纵向变形装置(PZBF-Ⅱ)，每组单元由多向变位铰、弹簧螺栓组、跨缝钢板、支撑托板、弧形转轴、锚固螺栓组、橡胶止水带等组成，结构示意见图2.56。

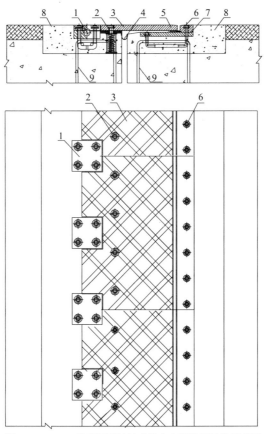

图 2.56 PZBF-Ⅱ型弧形转轴式纵向变形装置结构示意图

1-多向变位铰;2-弹簧螺栓组;3-跨缝钢板;4-橡胶止水带;5-弧形转轴;6-支撑托板;7-锚固螺栓组;8-后浇混凝土;9-预埋钢筋

如图 2.57 所示,拼宽桥纵向变形装置已在南昌、福州、上海、深圳、宁波等多个工程中应用,最早使用的项目已 10 多年时间,至今未出现严重损坏。

a) 上海G15高速公路桥梁

b) 江西生米大桥

图 2.57 拼宽桥纵向变形装置的工程应用

2.3.3.5 可调高、分两阶段施工型桥梁伸缩装置

如图 2.58 所示,产品适用于拓宽、拼宽保通项目,可分两阶段施工。第一阶段:老桥正

常通车,新建拼宽桥面第一层铺装后首次安装伸缩装置并开放交通;第二阶段:老桥拆除、整改铺装后,与新建桥梁一同完成上层铺装,施工时将原已安装部分的伸缩装置拆除锚固螺栓,调高后与两阶段施工部分一同再次安装并交付通车,确保新、老桥交叉施工中的正常通行,也可保证全部施工后的产品质量。

该产品还可适用于工期紧张的项目——桥面铺装前先安装下部锚固结构,铺装后安装梳齿板结构(铺装后 3~5d 可完成施工并开放交通)。

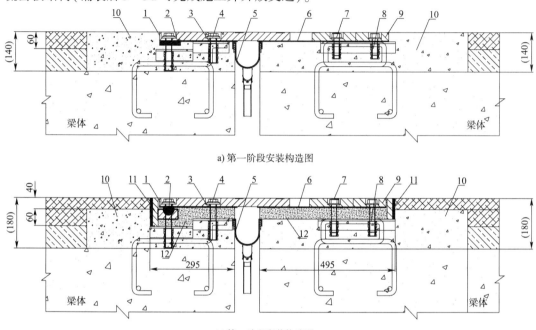

图 2.58 可调高、分两阶段施工型桥梁伸缩装置结构示意图(尺寸单位:cm)

1-跨缝梳齿钢板;2-转角控制座;3-锚固套筒托架 1;4-安装螺栓 1;5-导水装置;6-不锈钢滑板;7-安装螺杆 2;8-锚固套筒托架 2;9-固定梳齿钢板;10-第一次施工浇筑混凝土;11-防冲击挡板;12-第二次浇筑调高层混凝土

2.4 单元式多向变位伸缩装置的减振降噪与健康监测

为了进一步提高桥梁伸缩装置的使用性能,对单元式多向变位伸缩装置进行了环保降噪和健康监测的专项改进。

2.4.1 单元式多向变位伸缩装置的减振降噪

桥梁运营的实践表明,车辆通过伸缩装置时的振动与噪声是影响车上乘员舒适性、造成桥梁结构噪声的重要因素,因此,有必要降低车辆经过桥梁伸缩装置时的振动与噪声,从而降低其对车上成员、桥梁周边环境的振动与噪声污染。

2.4.1.1 减振降噪的优化措施

早期的单元式多向变位伸缩装置采用方形或梯形的梳齿,如图 2.59 所示,当汽车经过该类梳齿时,轮胎获得的支撑大大降低,因此造成了较大的振动与噪声。

为了减少振动与降低噪声,采取了以下减振降噪措施:

(1)单元式多向变位伸缩装置采用了弧形渐变的梳齿,如图2.60所示,从而增大了对汽车轮胎的支撑作用,降低了冲击振动和噪声的扩散。

 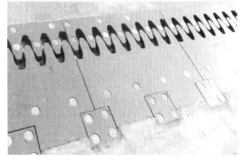

图2.59　方形梳齿伸缩装置实物图　　　图2.60　弧形渐变齿伸缩装置实物图

(2)固定梳齿板增设抗冲击帆布橡胶垫板,降低了冲击振动和噪声的扩散。

(3)在多向变位铰轴座与支撑平台之间增设两块高阻尼橡胶支座(图2.61),通过高阻尼橡胶支座的消能变形来减弱车辆通过装置时对跨缝板冲击所带来的冲击力和振动,降低装置的噪声。

(4)该类伸缩装置安装使用后,经过现场实测,与传统产品对比,降噪的效果非常明显。所以,近几年在全国各地的城市高架桥上,这种环保降噪型的产品得到了大面积的使用。

近两年,为了进一步降低桥梁伸缩缝噪声,针对城市高架桥等噪声要求较高的应用场合,设计推出了低噪声梳齿板式伸缩装置,除了提高平整度、优化齿形外,还采用了吸声结构,如图2.62所示。

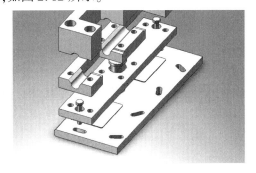 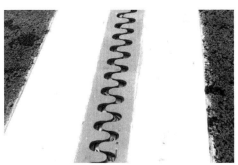

图2.61　高阻尼橡胶支座　　　图2.62　低噪声梳齿板式伸缩装置实物图

再进一步,采用无混凝土连梁结构,如XCF-Ⅱ型悬臂连梁锚固防冲击梳齿板伸缩装置,在伸缩装置安装槽区内梳齿板的下方填充自密孔的高分子弹性体材料,将梳齿板结构完全包裹起来,完全不渗水,提升了装置的密水和降噪性能,如图2.63所示。

2.4.1.2　减振降噪的效果测试

2017年,为了定量说明单元式多向变位伸缩装置的减振降噪效果,由宁波大学团队对目前城市高架桥中常用的两种伸缩装置——模数式伸缩装置和单元式多向变位梳齿板伸缩装置进行了交通噪声测试及对比分析。

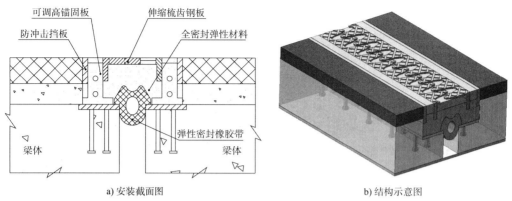

a) 安装截面图   b) 结构示意图

图 2.63 XCF-Ⅱ型悬臂连梁锚固防冲击梳齿板式伸缩装置

1）测试对象

单元式多向变位梳齿板式伸缩装置位于宁波市南环高架与世纪大道西侧 400m，产品型号为 RBKF-160，如图 2.64a) 所示；模数式伸缩装置位于宁波市机场高架与通途路交叉口南侧 320m，产品型号为 GQF-MZL160，如图 2.64b) 所示。

a) 单元式梳齿板式伸缩装置   b) 模数式伸缩装置

图 2.64 用于噪声测试的两种伸缩装置

2）测试方法

为了突出比较车辆通过两种不同类型伸缩装置时的噪声差别，本次测试在高架桥面两旁测试车辆通过伸缩装置时的不计权（即 Z 计权）噪声声压，同时在一般桥面设置测点作为对比。由于高架桥面无路肩等结构，因此测点布置紧靠在桥面护栏边缘，如图 2.65 所示。本次测试所在高架桥单幅均为三车道。

a) RBKF160型梳齿板式伸缩装置   b) GQF MZL160型模数式伸缩装置

图 2.65 测试现场照片

车辆选择采用同一辆5座城市运动型多用途汽车(Sport Utility Vehicle,SUV),以80km/h速度在第二车道行驶,测点在路边缘,距离第二车道边缘4m。由于白天车辆较多,影响测试结果的可靠性,因此试验选择在23:30—次日2:30进行,测试同一车辆在相同车道通过伸缩装置时的噪声声压。测点平面、纵面及横断面如图2.66所示。

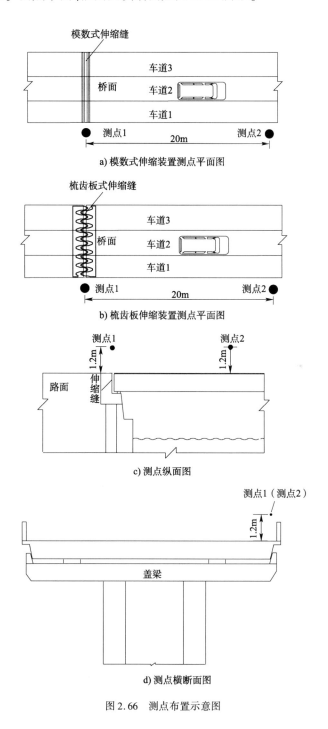

图2.66 测点布置示意图

3)测试结果

(1)伸缩装置噪声的时程。

选择路面无车辆通行时进行测试,得到环境背景噪声的时程曲线,如图2.67所示。整体上,噪声最大峰值声压值为0.21Pa。经计算,环境背景噪声的Z计权声压值为71.75dB。

现场测试得到车辆通过桥面时的噪声时程曲线,如图2.68所示。整体上,噪声处于较为平稳状态,最大峰值声压值0.6Pa左右。经计算,路面噪声的Z计权声压值79.63dB,明显大于环境噪声声压值。

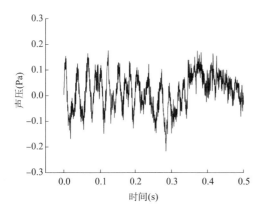 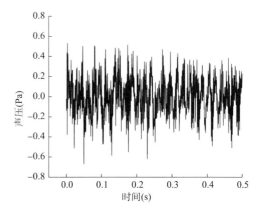

图2.67 环境背景噪声时程曲线　　　　图2.68 桥面噪声时程曲线

现场测试得到车辆通过梳齿板式伸缩装置时的噪声时程曲线,如图2.69所示。车辆通过时噪声声压幅值明显大于车辆通行桥面时的噪声幅值,且车辆前后轮通过时各有一个峰值。分别计算前后轮的噪声声压值,本次测试中前轮噪声Z计权声压值82.42dB,后轮声压值83.43dB。

现场测试得到车辆通过模数式伸缩装置时的噪声时程曲线,如图2.70所示。车辆通过伸缩装置时噪声声压明显大于车辆在路面行驶时的最大峰值,且车辆前后轮通过时各有一个峰值。本次测试中前轮声压幅值$P_{max}=2.6Pa$,后轮声压幅值$P_{max}=2.2Pa$。分别计算前后轮的噪声声压值,本次测试中前轮噪声声压值为89.11dB,后轮声压值为87.29dB。

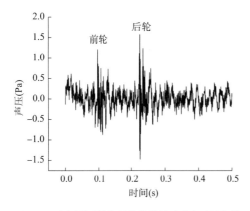 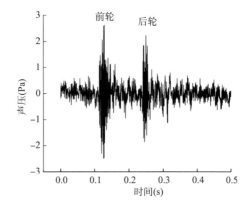

图2.69 车辆通过梳齿板伸缩装置时噪声时程曲线　　图2.70 车辆通过模数式伸缩装置时噪声时程曲线

(2)两种伸缩装置交通噪声的比较。

针对两种类型伸缩装置分别进行3次测试,测试车辆相同,车速相同。计算得到三次测试下的前后轮的噪声声压值,统计如表2.17、表2.18所示。

单元式多向变位伸缩装置噪声最大声压对比(单位:dB)　　　　表2.17

测试序号	前轮	后轮
1	82.42	83.43
2	83.50	85.40
3	82.24	83.08
平均值	82.72	83.97

模数式伸缩装置噪声最大声压对比(单位:dB)　　　　表2.18

测试序号	前轮	后轮
1	89.11	87.29
2	88.40	88.33
3	82.23	88.21
平均值	86.58	87.94

对比上述两张表可知,模数式伸缩装置处的声压值明显大于单元式梳齿板式伸缩装置。以车辆前轮为例,单元式梳齿板式伸缩装置的噪声声压为82.72dB,小于模数式伸缩装置的86.58dB。同时,两者均大于车辆路面行驶时的噪声声压值(79.63dB)。

上述比较表明,在相同伸缩量情况下,单元式梳齿板式伸缩装置的交通噪声明显低于模数式伸缩装置,因此选用单元式多向变位伸缩装置有助于降低桥梁结构噪声,减小对桥梁周边声环境的影响。

2.4.2　单元式多向变位伸缩装置的健康监测

桥梁伸缩装置设置在桥梁的梁端,长期受到自然环境、车轮荷载、梁体位移等的影响,可能发生疲劳、腐蚀、开裂的结构损伤。伸缩装置的损坏,会造成桥头跳车、梁体破坏,进而影响桥梁结构的安全及正常使用年限。因此,需要对桥梁伸缩装置的工作情况进行日常监测。

1)桥梁伸缩装置的监测方案

目前桥梁伸缩装置的监测以人工巡检为主,周期性长、受测量人员的主观影响大,难以及时发现结构损伤,更无法直接观察到内部工作情况,因此有必要在结构内部设置自动化的实时监测装置,以便直观了解其工作状况,从而及时发现桥梁伸缩装置的损伤或不正常工作状态,延长桥梁伸缩装置以及桥梁结构的工作寿命。单元式多向变位伸缩装置健康监测系统结构如图2.71所示。

智能伸缩缝装置通过测量伸缩缝的转角、伸缩位移、锚固混凝土松动情况等,结合人工智能(Artificial Intelligent,AI)大模型、智能算法,记录伸缩缝的各种变位数据和环境数据,并对伸缩缝的使用寿命和梁体变位进行综合评估,对异常情况进行故障报警。智能伸缩缝装置带有视频监控系统,可对伸缩缝进行实时视频监控,从而可实现对桥梁伸缩装置的多向变位数值、现场工作状态进行实时的在线监测,以保证伸缩装置的正常使用和桥梁结构的安全。

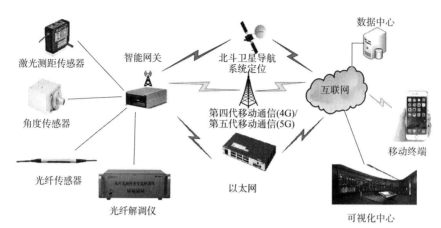

图 2.71　单元式多向变位伸缩装置健康监测系统结构图

2)桥梁伸缩装置监测硬件

针对桥梁伸缩装置的位移监测、视频采集等不同的监测要求,采用多种传感器设备进行前端数据采集,系统在设计时遵循可靠性、及时性原则,保证硬件设备可满足长期监测要求。传感器测点尽可能布设在最大位移点,或者能推算结构几何状态变化的地方,设备固定时均采用螺栓锚固。

伸缩装置可通过加装多物理量多分量传感器、位移传感器和应变传感器,来监测伸缩缝装置的变位情况和振动频率,并利用频率 AI 模型计算,来分析锚固结构和混凝土松动等情况。具体如图 2.72、图 2.73 所示。

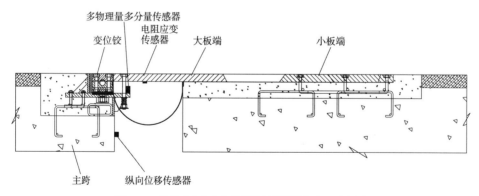

图 2.72　单元式多向变位伸缩装置监测设备布置示意图

3)桥梁伸缩装置的监测软件

上述监测方案在统一的监测平台软件中实现,并可以对监测硬件进行实时控制。如图 2.74 所示,软件操作界面包含四个功能区,分别为:①菜单区;②总览界面;③监测模块区;④启动、退出按钮。监测软件可以同时观测多个视频模块,并可以记录桥梁伸缩装置的总伸缩量、竖向转角、水平转角,从而实现对其工作状态的实时监测,对不正常工作状态进行及时预警。

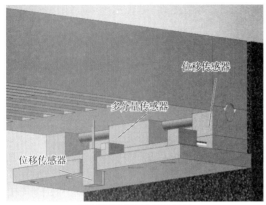
a) 传感器监测模块展示场景

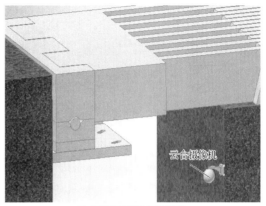
b) 视频监测模块展示场景

图 2.73 桥梁伸缩装置的现场展示场景

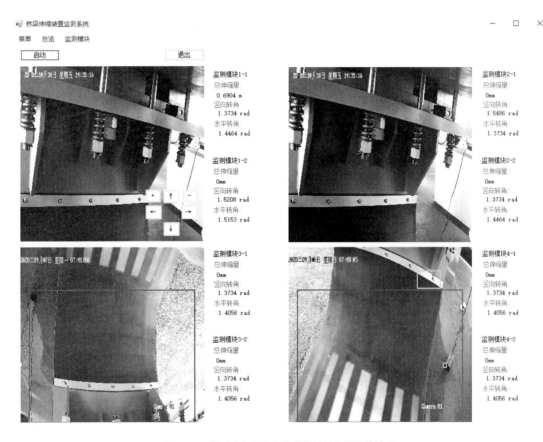

图 2.74 单元式多向变位伸缩装置的监测软件界面

桥梁伸缩装置的健康监测系统为实时监测桥梁伸缩装置的工作状态,及时发现故障,提高伸缩装置以及桥梁结构的工作寿命打下了基础。

第 3 章

桥梁伸缩装置的强度与疲劳寿命

在桥梁伸缩装置的各项性能中,强度与疲劳是两个关键的指标。在汽车轮载的反复作用下,桥梁伸缩装置中的各种材料首先需要有足够的强度,即最大工作应力要小于材料许用应力;然后还需要满足疲劳寿命的要求,即桥梁伸缩装置需要能够承受一定次数的疲劳荷载作用。在《公路桥梁伸缩装置设计指南》(JTQX-2011-12-1)中,疲劳寿命通常要求在 200 万次以上。

本章首先以三种典型的桥梁伸缩装置,即 RBKF160 型梳齿板单元式多向变位伸缩装置、RBQF1200 型梳齿板式单元式多向变位伸缩装置、M160 型模数式伸缩装置为例,建立力学分析的有限元模型,然后提出桥梁伸缩装置的结构强度与疲劳寿命的分析方法,最后分析汽车车轮荷载作用下这三种桥梁伸缩装置的结构强度与疲劳寿命。

3.1 桥梁伸缩装置的力学模型

本节分别针对两种不同伸缩量的梳齿板式单元式多向变位伸缩装置(伸缩量分别为 160mm 和 1200mm)、一种模数式伸缩装置(伸缩量为 160mm),建立它们的有限元力学分析模型,为进一步的强度与疲劳寿命分析打下基础。

3.1.1 RBKF160 型梳齿板式单元式多向变位伸缩装置

1)结构形式

图 3.1 所示为 RBKF160 型梳齿板式伸缩装置,该伸缩装置的最大伸缩量为 160mm,采用模块化结构,一般以 1m 为一个模块,模块之间横向连接,根据桥梁的宽度确定模块的数量,最终形成横贯整个桥梁的伸缩缝。

这种模块式梳齿板式伸缩装置适应桥梁变形的能力强,维修和更换只需要针对单个受损的模块,不需要封闭所有车道而中断交通,因此在运营和维护阶段具有较大的优势。

为了说明 RBKF160 型梳齿板式伸缩装置的安全性,需要对其强度与疲劳性能进行严格的理论分析,以确保该产品具有可靠的性能。为此,我们首先分析 RBKF160 型梳齿

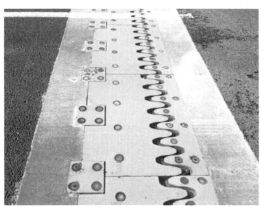

图 3.1 RBKF160 型梳齿板式伸缩装置(宁波市环城南路高架)

板式伸缩装置的结构形式,如图 3.2 所示。

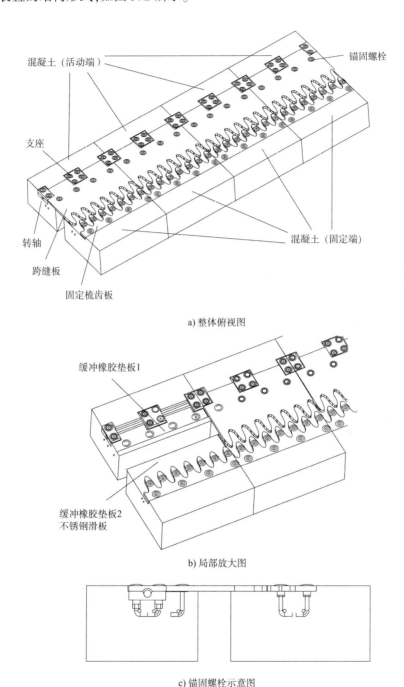

图 3.2 RBKF160 型梳齿板式伸缩装置的结构形式

RBKF160 型梳齿板式伸缩装置由跨缝梳齿板、固定梳齿板、锚固螺栓、支座、转轴、锚固混凝土、缓冲橡胶垫板、不锈钢滑板等组成。每个伸缩模块的宽度为 1m,各个模块的结构基本相同。当伸缩缝的缝宽为 0 时,跨缝板和梳齿板基本闭合。跨缝板与转轴焊接在一起,各个支座与跨缝板分离,支座通过约束转轴来约束跨缝板较大幅度的位移,由于支座和转轴并未完全咬合,故允许跨缝板产生一定量的微小位移,也允许其转动。跨缝板下侧有5mm厚的缓冲橡胶垫板,该垫板未延伸至缝腔处,垫板四周均为混凝土。固定梳齿板下侧有1.2mm厚的不锈钢滑板和3mm厚的缓冲橡胶垫板。不锈钢滑板和缓冲橡胶垫板通过黏结剂紧密黏结。跨缝板、支座、固定梳齿板通过锚固螺栓锚固在混凝土上,锚固螺杆下部做90°弯钩,并与横向钢筋焊接在一起增强其锚固能力。

2)有限元模型

根据前述 RBKF160 型梳齿板式伸缩装置的结构形式,建立其有限元模型。由于 RBKF160 型梳齿板式伸缩装置以1m为一个模块,各个模块之间的跨缝板和支座完全分开,结构相对独立,故在结构分析过程中,仅建立单个模块的有限元模型,伸缩装置的缝宽偏安全地取16cm。由于支座、转轴和支座上的固定螺栓只起到约束跨缝板较大位移的作用,而且实际结构中该部分一般不会发生破坏,故将其整体简化为多个正方形的支座。固定梳齿板上的固定螺栓由于实际结构中也很少损坏,故对其也进行了简化。因此,RBKF160 型梳齿板式伸缩装置的有限元模型由固定梳齿板、两块缓冲橡胶垫板、不锈钢滑板、跨缝板、转轴、支座、锚固螺栓、混凝土等部分组成。

跨缝板材料为 Q355B 级钢材,几何尺寸和有限元网格划分如图 3.3 所示,板厚为 30mm。有限元模型中采用的单元种类主要为六面体单元,梳齿部分由于几何形状复杂,掺杂了少量的四面体单元,沿板厚方向划分了6层单元,整个跨缝板模型共有6640个单元。

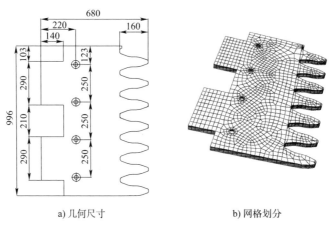

a) 几何尺寸　　　b) 网格划分

图 3.3　跨缝板几何尺寸及网格划分图(尺寸单位:mm)

锚固组件由四根直径为 26mm 的 L 形螺杆和一根相同直径的横向钢筋焊接而成,如图 3.4 所示,在不影响计算精度的前提下,锚固螺杆和钢筋简化为正方形截面。锚固组件的材料为20MnTiB 合金结构钢,其弹性模量为 205GPa,泊松比为 0.25,密度为 7850kg/m³。

如图 3.5 所示,支座、转轴和支座上的固定螺栓的作用主要是约束跨缝板在行车方向和竖直方向上比较大的位移,允许跨缝板沿这两个方向发生微量位移,也允许跨缝板绕转轴转动,同时,实际工程中这三部分一般不会发生损坏,因此,本书将此三部分简化为正方形支座,材料为 Q355B 级钢材。

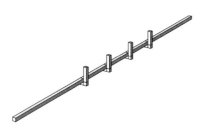

图3.4 锚固组件简化示意图

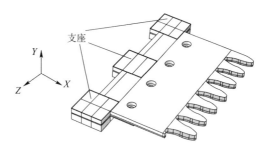

图3.5 支座位置示意图

跨缝板上有四个锚固螺栓,图3.6所示为单个锚固螺杆和螺母的网格划分情况,单个螺杆划分为40个单元,单个螺母划分为24个单元,单元种类均为六面体单元。螺杆材料为20MnTiB合金结构钢,材料参数与前文相同;螺母材料为45号碳素结构钢,其弹性模量为209GPa,泊松比为0.269,密度为7850kg/m³。

为了在后续章节中提取螺杆轴力,在有限元建模时,设计了用于轴力提取的构件,如图3.7所示,其由上方刚性圆壳、下方刚性方壳

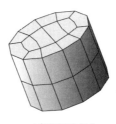   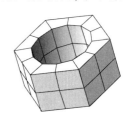

a) 螺杆网格划分　　　　b) 螺母网格划分

图3.6 跨缝板锚固螺栓网格划分图

以及中间的轴力提取梁单元组成。其中上方圆壳、下方方壳用两块厚度极小、弹性模量极大的壳来模拟,可以认为它们是刚性的,不会发生平面内变形,其节点分别与上方的跨缝板螺杆底面节点、下方的L形锚固螺杆顶面节点一一对应并相互绑定。两块壳中间的轴力提取杆单元的截面面积和材料属性与上下螺杆相同,杆单元的上方和下方节点分别与上、下壳正中心的节点绑定,则从梁单元中间结点提取所得的轴力即为该螺杆在该位置的轴力,可以用于后续章节的疲劳分析。在有限元模型中,壳单元的种类为四节点曲面薄厚通用壳单元,梁单元的种类为两节点空间线性梁单元。

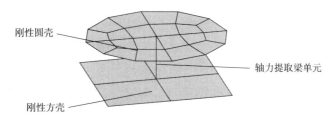

图3.7 轴力提取构件图

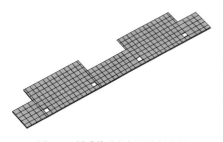

图3.8 缓冲橡胶垫板网格划分图

跨缝板与混凝土路面之间有一层厚度为5mm的缓冲橡胶垫板,其网格划分如图3.8所示,整个缓冲橡胶垫板共305个单元,单元种类均为六面体单元。缓冲橡胶垫板的材料为帆布橡胶,通常橡胶的弹性模量为7.8MPa,泊松比为0.47,密度为1300kg/m³。

路面混凝土的网格划分如图3.9所示,其中标示了各部件在混凝土上的安放位置。伸缩缝和附近路面的

混凝土强度等级为 C50。根据《公路钢筋混凝土及预应力混凝土桥涵设计规范》(JTG 3362—2018),取弹性模量为 $3.45 \times 10^4 \mathrm{MPa}$,泊松比为 0.2,密度为 $2500 \mathrm{kg/m^3}$。

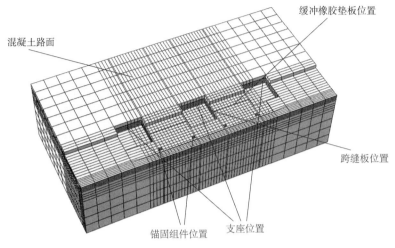

图 3.9　混凝土网格划分图

前文所述的锚固组件预埋于混凝土之中,缓冲橡胶垫板与混凝土之间牢固黏结,支座通过锚固螺栓与混凝土牢固连接。因此,本书将前文介绍的混凝土路面、缓冲橡胶垫板、简化后的锚固组件、简化后的支座、两侧跨缝板合并为一个部件,共用结点划分网格,形成了图 3.10 所示的合体部件,根据组合前各个部件的位置,组合后合体部件不同位置有不同的材料属性。合体部件共 19402 个单元,单元种类均为六面体单元。由于中间跨缝板为车轮荷载的施加部位,故中间跨缝板附近的混凝土是模型中混凝土应力较大的部位,本书对该位置的混凝土网格进行了加密。

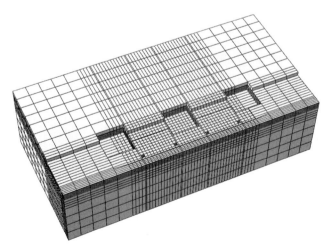

图 3.10　合体部件网格划分图

将上述梳齿板、混凝土、锚固件、螺栓等有限元模型组合成一体,即可得到 RBKF160 型梳齿板式伸缩装置的整体有限元分析模型,如图 3.11 所示,整个模型共 28221 个实体单元,96 个壳单元,8 个梁单元。

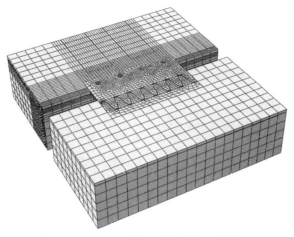

图 3.11 RBKF160 型梳齿板式伸缩装置整体模型图

3) 边界约束

对于整体有限元分析模型,施加与实际工况相同的边界约束,如图 3.12 所示。作为横桥向的局部模型,需要在横桥向(Y方向)设置对称边界条件,约束为 $u_y=0$;模型底部支撑在桥梁支座上,因此设置支座约束条件。

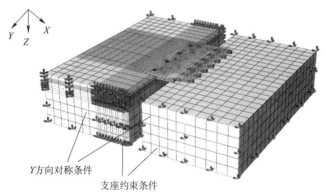

图 3.12 梳齿板式伸缩装置的边界约束情况

伸缩装置中间跨缝板的连接如图 3.13 所示,实际结构中间跨缝板与转轴焊接在一起,通过支座约束跨缝板。

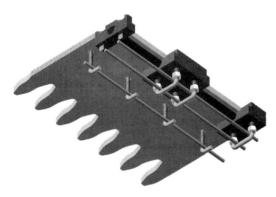

图 3.13 中间跨缝板约束情况示意图

3.1.2 RBQF1200型梳齿板式单元式多向变位伸缩装置

单元式多向变位伸缩装置在梁端位移量较大的大中型桥梁中应用更为广泛,以下介绍伸缩量为1200mm的大位移量伸缩装置的力学模型。

1) 结构形式

图3.14所示为RBQF1200型梳齿板式伸缩装置,该伸缩装置的最大伸缩量为1200mm,也采用模块化结构,一般以1m为一个模块,模块之间横向连接,根据桥梁的宽度确定模块的数量,最终形成横贯整个桥梁的伸缩缝。

该模块式梳齿伸缩装置的维修和更换也只需要针对单个受损的模块,因此在运营和维护阶段具有较大的优势。

图3.14 RBQF1200型梳齿板式伸缩装置(宁波大榭二桥)

为了说明RBQF1200型梳齿板式伸缩装置的安全性,需要对其强度与疲劳性能进行严格的理论分析,首先分析其结构形式,如图3.15所示。

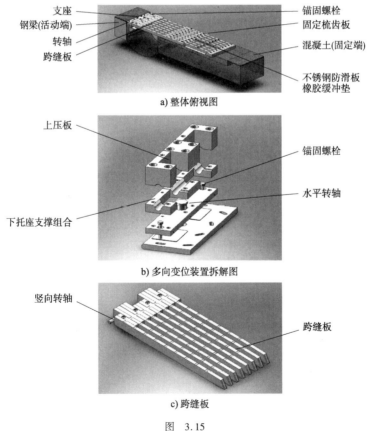

a) 整体俯视图

b) 多向变位装置拆解图

c) 跨缝板

图 3.15

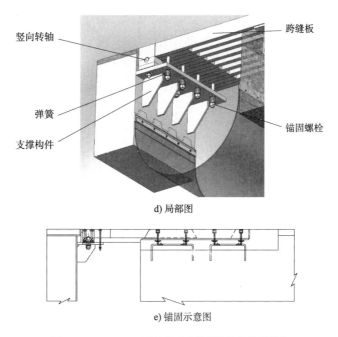

图 3.15 RBQF1200 型梳齿板式伸缩装置的结构形式

RBQF1200 型梳齿板式伸缩装置由跨缝梳齿板、固定梳齿板、锚固螺栓、支座、转轴、锚固混凝土、缓冲橡胶垫板、不锈钢滑板等组成。每个伸缩模块的宽度为 1m，各个模块的结构基本相同。当伸缩缝的缝宽为 0 时，跨缝板和梳齿板基本闭合。跨缝板与转轴焊接在一起，各个支座与跨缝板分离，支座约束转轴的平动位移，只允许一定量的微小位移，但允许其转动。支座通过上压板和下托，利用螺栓锚固将跨缝板上焊接的竖向转轴固定，同时跨缝板通过螺栓螺母和弹簧与下支撑钢板进行固定。支座固定在底盘上，底盘由托架支撑，底盘与支撑托架都和主梁刚性连接。固定梳齿板下侧有 5mm 厚的不锈钢滑板和 16mm 厚的缓冲橡胶垫板。不锈钢滑板和缓冲橡胶垫板通过黏结剂紧密黏结。固定梳齿板通过锚固螺栓锚固在混凝土或钢结构上。

2）有限元模型

根据前述 RBQF1200 型梳齿板式伸缩装置的结构形式，建立其有限元模型。由于 RBQF1200 型梳齿板式伸缩装置以 1m 为一个模块，各个模块之间的跨缝板和支座完全分开，结构相对独立，故在结构分析过程中，仅建立单个模块的有限元模型。因为跨缝梳齿板的支撑点在梳齿的顶端，中间是悬空的，所以当桥梁胀缩引起梳齿板伸缩时，梳齿板两支撑端之间的距离保持不变，约为 120cm。支座和支座上的固定螺栓起到约束转轴和跨缝板较大位移的作用，实际结构中该部分一般不会发生破坏，因此将其整体简化为多个正方形结构。固定梳齿板上的固定螺栓由于实际结构中也很少损坏，故也对其进行了简化。相比 RBKF160 型梳齿板式伸缩装置，RBQF1200 型梳齿板式伸缩装置的跨缝板通过转轴将受力传递给支座，竖向转轴会承受主要的荷载，因此不能简化，并且考虑到有应力集中问题的存在，采用实体单元创建转轴的有限元模型。

综上所述，RBQF1200型梳齿板式伸缩装置的有限元模型由固定梳齿板、缓冲橡胶垫板、不锈钢滑板、跨缝板、转轴、支座、锚固螺栓、钢梁、混凝土等部分组成。

跨缝板材料为Q355B级钢材，几何尺寸和有限元网格划分如图3.16所示，板厚为143mm。有限元模型中采用的单元种类全为六面体单元，单元划分过程中沿板厚方向共划分10层。整个跨缝板模型共39434个单元。

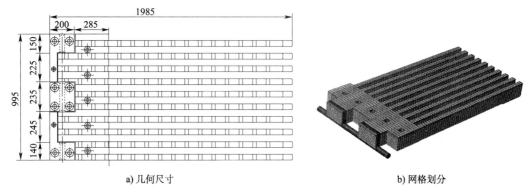

a) 几何尺寸　　　　　　　　　　　　　b) 网格划分

图3.16　跨缝板几何尺寸及网格划分图(尺寸单位：mm)

如图3.17所示，支座和支座上的固定螺栓的作用主要是约束跨缝板在行车方向和竖直方向上比较大的位移，允许跨缝板沿这两个方向发生微量位移，也允许跨缝板绕转轴转动，同时，实际工程中这两部分一般不会发生损坏，因此，本书将这两部分简化为正方形支座，材料为Q355B级钢材。

如图3.18所示，该骑缝伸缩装置一方面通过支座盖板将转轴固定至底盘上，另一方面用5根锚固螺栓与多层弹簧垫圈将跨缝板与下方底盘进行紧固。5个锚固螺栓的直径均为20mm。图3.19所示分别为锚固螺杆和螺母的网格划分情况，单个螺杆划分为416个单元，单个螺母划分为24个单元，单元种类均为六面体单元。螺杆材料20MnTiB合金结构钢，其弹性模量为205GPa，泊松比为0.25，密度为7850kg/m^3；螺母材料为45号碳素结构钢，其弹性模量为209GPa，泊松比为0.269，密度为7850kg/m^3。

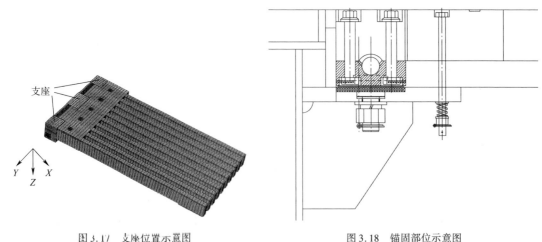

图3.17　支座位置示意图　　　　　　　图3.18　锚固部位示意图

为了在后续章节中提取螺杆轴力,建模时设计了图 3.20 所示的用于轴力提取的构件,其由上方刚性圆壳、下方刚性圆壳以及中间的轴力提取梁单元组成。其中,上方圆壳和下方圆壳是两块厚度极小、弹性模量极大的壳,几乎可以认为它们是刚性的,不会发生平面内变形,其节点分别与上方的跨缝板螺杆底面节点,下方的螺杆顶面节点一一对应并相互绑定。两块壳中间的轴力提取梁单元的截面面积和材料属性与上下螺杆相同,梁单元的上方和下方结点分别与上下壳正中心的节点绑定,则梁单元中间结点提取所得的轴力即为该螺杆在该位置的轴力,可以用于后续章节的疲劳分析。其中,壳单元种类为四节点曲面薄厚通用壳单元,梁单元种类为两节点空间线性梁单元。

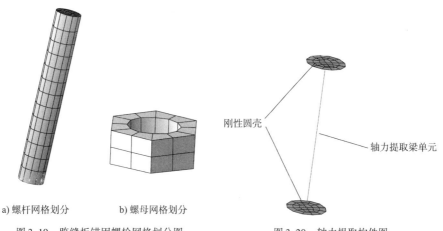

a) 螺杆网格划分　　b) 螺母网格划分

图 3.19　跨缝板锚固螺栓网格划分图　　图 3.20　轴力提取构件图

如图 3.18 所示,支座与底盘通过螺栓进行紧固连接,底盘下方有支撑托架进行支撑,底盘、支撑托架、钢梁之间均通过焊接固定,并且在实际工程中这三部分不易发生破坏,因此将此三部分合并成整体。由于活动端主梁为钢梁,上部需要进行钢桥面铺装,铺装材料假设为浇注式沥青混凝土(GA),选取弹性模量为 1GPa,泊松比为 0.25。将简化后的锚固组件和简化后的支座划分网格,形成图 3.21 所示的合体部件网格,根据组合前各个部件的位置,合体部件的不同位置有不同的材料属性。合体部件共 16411 个单元,单元种类均为六面体单元。

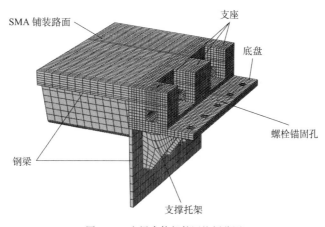

图 3.21　主梁合体部件网格划分图

将上述跨缝板、钢梁、锚固件、螺栓等有限元模型组合成一体,即可得到 1200 型梳齿板式伸缩装置的整体有限元分析模型,如图 3.22 所示。整个模型共 65375 个实体单元,320 个壳单元,50 个梁单元。

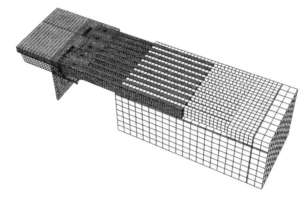

图 3.22　RBQF1200 型梳齿板式伸缩装置整体模型图

3)边界约束

对于上述有限元分析模型,施加与实际工况相同的边界约束,如图 3.23 所示,作为横桥向的局部模型,因此需要在横桥向(Y 方向)设置对称边界条件,约束为 $u_y = 0$;模型底部支撑在桥梁支座上,因此设置支座约束条件。

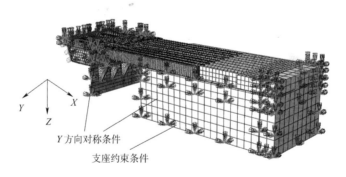

图 3.23　梳齿板式伸缩装置的边界约束情况

3.1.3　M160 型模数式伸缩装置

1)结构形式

图 3.24 所示为 M160 型模数式伸缩装置,该伸缩装置包含 2 条横向贯穿全桥的伸缩缝,每条缝的最大伸缩量为 80mm,合计最大伸缩量为 160mm。

如图 3.25a)所示,M160 型模数式伸缩装置由一根"王"字形中梁,两根"Z"字形边梁,行车道位移箱及其横梁组件、锚固组件等部分组成。其中行车道位移箱及其横梁组件如图 3.25b)所示,它又包括横梁支撑垫块、横梁、承压和压紧支座、控制弹簧等部分。模数式伸缩装置的边梁通过锚固组件与两侧混凝土路面稳固连接,中梁与横梁之间通过支撑垫块采用四面围焊的方式焊接连接,支撑垫块与横梁之间按工程实际经验采用一体成型,车道位移箱则是用来约束横梁的位移。

图 3.24 M160 型模数式伸缩装置(宁波市机场高架)

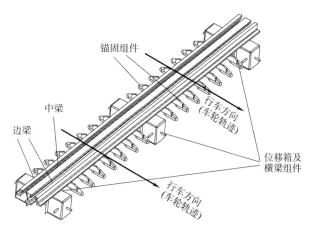

a) 整体结构图

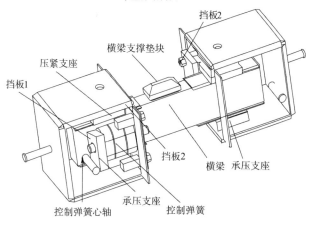

b) 行车道位移箱及其横梁组件

图 3.25 M160 型模数式伸缩装置伸缩缝

2) 有限元模型

图 3.26a) 所示为对应于图 3.25 所示伸缩缝结构的有限元模型,整个模型包含 82793 个

六面体单元和四面体单元,采用通用有限元软件 ABAQUS 进行建模和计算。结构在车轮荷载作用下应力较大的位置主要是中梁跨中,如图 3.26a)所示;中梁与横梁连接部位,如图 3.26b)~d)所示。中梁与横梁通过支撑垫块实现连接,支撑垫块上表面与中梁底部焊接,下表面与横梁顶部焊接,因此上下均存在焊缝。工程中常采用四面围焊形式,如图 3.26c)、d)所示为工程中常见的焊缝形状,焊接时要求将支撑垫块四周预留缝焊满且完全焊透。由于实际工程中支撑垫块与中梁的焊缝位置处容易发生破坏,故对焊缝网格进行了加密。

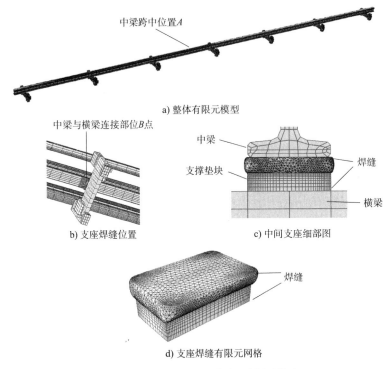

图 3.26 模数式伸缩装置伸缩缝有限元模型

3.2 桥梁伸缩装置的动力响应与强度分析

3.2.1 有限元动力学分析方法与车轮荷载

由上述桥梁伸缩装置的有限元模型,经过单元组集后,得到整体模型的有限元结构动力学方程如下:

$$M\ddot{u} + C\dot{u} + Ku = P \tag{3.1}$$

式中,M 为质量;C 为阻尼;K 为刚度;$\ddot{u}$、$\dot{u}$ 和 u 分别为加速度、速度和位移;P 为外荷载,即为车轮对于伸缩装置的冲击荷载。

根据《公路桥梁伸缩装置设计指南》(T/CCTAS 93—2023),公路桥梁伸缩装置的竖向轮轴荷载设计值取标准车辆的后轴荷载标准值 140kN 和 $(1+\mu)$ 的乘积,μ 为冲击系数,按照技术文件推荐值,μ 偏安全地取为 0.45。

1) RBKF160型单元式梳齿板式伸缩装置的车轮荷载

由于RBKF160型单元式梳齿板式伸缩装置每个单元的宽度为1m,而车辆后轴两边轮胎之间的中心矩约为1.8m,因此RBKF160型单元式梳齿板式伸缩装置的单元模块上同一时间内只可能有一排车轮通过,故施加在图3.12所示有限元模型上的荷载为单边车轮荷载70kN和(1+μ)的乘积。又根据《公路桥涵设计通用规范》(JTG D60—2015),标准车的车轮与路面的接触面形状为矩形,如图3.27所示,该矩形在顺桥向尺寸为0.2m,横桥向尺寸为0.6m,则在单元式梳齿板式伸缩装置上最大轮压面积为0.12m²,轮压压强为:

$$P = \frac{70000 \times (1+0.45)}{0.2 \times 0.6} \times 10^{-6} = 0.846 \text{MPa}$$

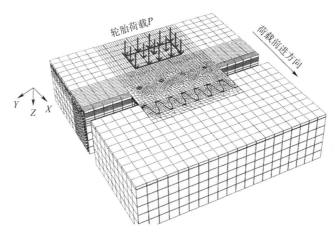

图3.27　RBKF160型单元式梳齿板式伸缩装置上的车轮荷载

考虑到汽车车轮荷载是一个移动荷载,因此在有限元计算中,考虑了车轮与单元式多向变位伸缩装置的接触区域的变化,单个车轮通过单元式多向变位伸缩装置分为四个阶段:

(1)车轮在跨缝板前的路面混凝土上向着跨缝板移动阶段;

(2)车轮刚开始驶上中间跨缝板时,轮压接触面积逐渐增大,直至在跨缝板上的轮压长度达到0.2m;

(3)轮胎在跨缝板上的轮压长度达到0.2m以后不再继续增大,而是保持轮压长度不变一直向前行驶,这个过程会持续一段时间;

(4)随着车轮继续向前行驶,轮胎前缘离开跨缝板后,渐渐地接触面积开始减小,直至接触面积为0为止。

利用有限元软件的用户子程序,实现了车速为20~100 km/h的车轮移动荷载施加,这个速度区间涵盖中国高速公路上大型载重汽车的速度范围,轮压荷载的施加位置位于跨缝板正中。

2) RBQF1200型单元式梳齿板式伸缩装置的车轮荷载

由于RBQF1200型单元式梳齿板式伸缩装置在横桥向每个单元的宽度为1m,而车辆后轴两边轮胎之间的中心矩约为1.8m,因此,RBQF1200型单元式梳齿板式伸缩装置的单元模块上同一时间内横桥向只可能有一排车轮通过。但是工程车前后两排后轴之间的中心距离为1.35m,而RBQF1200型单元式梳齿板式伸缩装置在纵桥向的长度为1.985m,会出现工程车的后轴前后两排车轮同时位于跨缝板上的情况。故实际施加在图 3.23 所示有限元模型上的荷载为后轴的车轮荷载 70kN 和 $(1+\mu)$ 的乘积。又根据《公路桥涵设计通用规范》(JTG D60—2015),标准车的车轮与路面的接触面形状为矩形,如图 3.28 所示,该矩形在顺桥向尺寸为 0.2m,横桥向尺寸为 0.6m,则在单元式梳齿板伸缩装置上最大轮压面积为 0.12m²,轮压压强为:

$$P = \frac{70000 \times (1+0.45)}{0.2 \times 0.6} \times 10^{-6} = 0.846 \text{MPa}$$

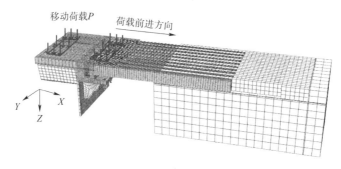

图 3.28 车轮通过 RBQF120 单元式梳齿板伸缩装置的过程

3) M160 型模数式伸缩装置的车轮荷载

工程实践表明,模数式伸缩装置的早期破坏位置有两处:中梁跨中、横梁支撑中梁的连接部位。因为中梁跨中以承受正弯矩为主,横梁支撑中梁的连接部位以承受负弯矩为主,所以需要确定这两处危险位置的最大弯矩。以下根据弯矩影响线来确定车轮荷载的加载点,进一步获得危险位置的最大弯矩。

图 3.29 所示为中梁跨中的正弯矩影响线,以及单车道布载时最大弯矩对应的车轮位置,当车辆一侧车轮布置在跨中位置时,跨中正弯矩达到最大值。

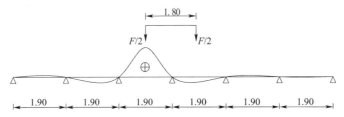

图 3.29 中梁跨中正弯矩影响线与单车道最不利车轮位置(尺寸单位:m)

图 3.30 所示为横梁支撑中梁位置的负弯矩影响线,以及单车道布载时最大负弯矩对应的车轮位置,当车辆两侧车轮对称布置在支座两侧时,支座负弯矩达到最大值。试算表明,多车道布载时的最大跨中正弯矩和支座负弯矩比单车道布载时高不到 6.4%,考虑到实际运营中多辆载重汽车、多个车轴同时经过伸缩缝中梁,且车轮同时位于最不利位置的概率极小,因此计算分析时采用上述单车道布载形式。

车轮荷载包括竖向冲击荷载和水平冲击荷载两部分,比较国内外规范发现,竖向冲击荷载取值大小基本一致,水平荷载取值差异较大。《公路桥梁伸缩装置设计指南》(T/CCTAS 93—2023)要求,竖向荷载为车辆后轴重力标准值 140kN 乘以 $(1+\mu)$,其中 μ 为冲击系数,取 0.45,由此可得竖向冲击荷载(F)为 203kN,水平荷载取标准车后轴的制动力为 42kN。也有研究认为,水平荷载随车速的增大而增大,当车速为 80km/h 时可取竖向荷载的 10%。本书按最不利情况考虑,取竖向冲击荷载203kN,水平冲击荷载42kN。

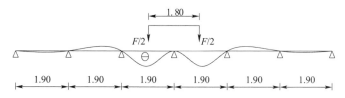

图 3.30　支座负弯矩影响线与单车道最不利车轮位置(尺寸单位:m)

考虑到轮胎与路面之间是面接触,行车方向具有一定的接触长度,该接触长度按照《公路桥涵设计通用规范》(JTG D60—2015),取 20cm,该接触长度大于伸缩缝中梁的宽度,即 8cm。因此,行驶车辆通过模数式伸缩缝时,车轮与伸缩缝中梁的接触长度是逐渐变化的,可以分为三个阶段,如图 3.31 所示,接触长度随时间先增大,再保持不变,最后逐渐减小至 0。

图 3.31　作用于模数式伸缩缝中梁的轮压荷载

3.2.2　RBKF160 型梳齿板式单元式多向变位桥梁伸缩装置的动力响应

实际工程中,RBKF160 型梳齿板式单元式多向变位桥梁伸缩装置的常见破坏形式一般有以下两种:①跨缝板下靠近伸缩缝缝腔处混凝土破损;②跨缝板锚固螺栓螺纹松动。基于此,本书首先分析了中间跨缝板的动力响应,并提取了关键节点的应力和挠度,然后分析了跨缝板下靠近伸缩缝缝腔处的混凝土应力。

1)跨缝钢板的动力响应

当车轮以 30km/h 的速度驶入中间跨缝板时,跨缝板的基本变形如图 3.32 所示。图中跨缝板下凹的位置即为该时刻轮压荷载的位置,其余车速下基本变形情况与此类似。从图中也可以看出,随着车轮荷载的移动,跨缝板会发生垂直方向的振动。

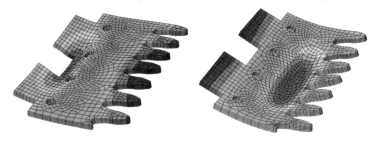

图 3.32　中间跨缝板的基本变形

进一步,提取各个车速下跨缝板所有节点的 Mises 应力和挠度时程,发现各个车速下最大 Mises 应力和挠度对应的节点相同,分别位于图 3.33 所示位置(图中给出了对应的节点编号),且随着车速的增大,最大应力和挠度也相应增大。

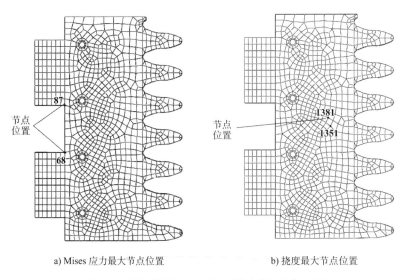

a) Mises 应力最大节点位置　　　　　　b) 挠度最大节点位置

图 3.33　中间跨缝板 Mises 应力及挠度的最大节点位置

因为应力随着车辆速度的增加而增加,所以只需要求解在载重汽车最大车速(100km/h)下的应力计算结果,如图 3.34 所示。

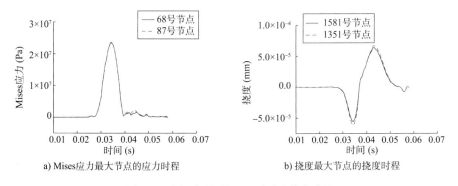

a) Mises 应力最大节点的应力时程　　　　　　b) 挠度最大节点的挠度时程

图 3.34　中间跨缝板的 Mises 应力和挠度时程

由于结构和荷载对称,图 3.34a)中两个节点的应力时程几乎重合,从图 3.34a)中可以看出,当车轮驶上跨缝板(0.02771s)后,节点的 Mises 应力开始增加,当轮压长度的中线位于节点上方(0.03412s)时,节点的 Mises 应力达到最大值,随后节点的应力逐渐减小,整个过程中 Mises 应力的最大值约为 23.6MPa,远小于材料的屈服强度(345MPa),因此,车轮荷载作用下跨缝板不会发生强度破坏。从图 3.34b)中可以看出,当车轮驶上跨缝板(0.02771s)后,节点位置有所上翘,随着车轮继续向前行驶,节点逐渐回到平衡位置,车轮进入伸缩缝缝腔后,节点位置开始下凹,车轮通过伸缩缝缝腔后,节点逐渐恢复到平衡位置,整个过程中节点的挠度均小于 0.07mm,在工程允许的范围内。

2）伸缩装置混凝土的动力响应

除了上述钢板构件,也需要对桥梁伸缩装置中混凝土的动力响应进行分析,由此确定拉应力最大的混凝土节点。图 3.35 所示为整个模型中混凝土拉应力最大的节点位置,该节点位于跨缝板下靠近伸缩缝缝腔处,这与梳齿板式伸缩缝的常见破坏形式相符合。

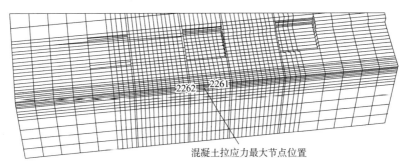

图 3.35 混凝土拉应力最大位置及节点号码

图 3.35 中两个最大应力节点的编号从右往左分别为 2261 和 2262,由于结构和荷载对称,两个节点的最大主应力时程几乎完全重合,故本书只提取 2261 号节点在不同车速下的最大主应力时程,结果如图 3.36 所示。从图 3.36 中可以看出:轮胎刚驶入跨缝板内的一段时间,节点受拉,这主要是由于轮胎所在位置下侧混凝土下凹,从而对附近的混凝土施加了拉力;轮胎到达最大应力节点位置时,由于轮压作用,最大应力节点受压;轮胎继续向前行驶进入伸缩缝缝腔以后,缝腔位置的跨缝板下凹,跨缝板与混凝土间的摩擦导致节点受拉。

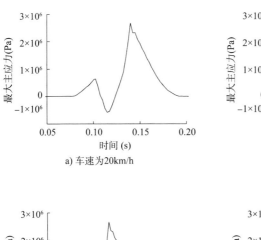

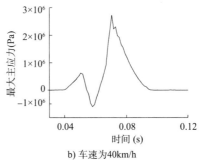

a）车速为20km/h   b）车速为40km/h

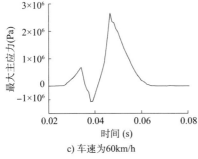

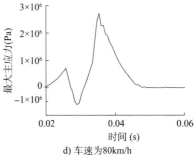

c）车速为60km/h   d）车速为80km/h

图 3.36

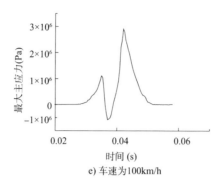

e) 车速为100km/h

图3.36 混凝土拉应力最大节点(2261号节点)的最大主应力时程

图3.37所示为各个车速下2261号节点的主拉应力值,从图中可以看出,混凝土的主拉应力幅值在2.65~2.8MPa范围内波动,与车速无确定性关系。根据《公路钢筋混凝土及预应力混凝土桥涵设计规范》(JTG 3362—2018),C50混凝土的抗拉强度标准值为2.64MPa,显然,跨缝板下缝腔边缘位置的混凝土主拉应力已经超过了混凝土的抗拉强度,可能发生强度破坏。

因为竖向轮压荷载作用下,跨缝板下缝腔边缘位置的C50混凝土将发生了强度破坏,所以有必要提高混凝土的抗拉性能,避免混凝土的强度破坏。因此,伸缩缝缝腔边缘部位应采用更高强度的混凝土材料,例如强度等级为CF50的钢纤维混凝土。

钢纤维混凝土的受压、受拉弹性模量及泊松比可根据与钢纤维混凝土强度等级相同的普通混凝土取值,因此,在换用钢纤维混凝土的情况下,本书中的模型无须改变材料参数,其结果可以直接使用。而根据钢纤维混凝土的实际性能,CF50钢纤维混凝土的抗拉强度标准值在4MPa以上,显然,换用钢纤维混凝土以后,混凝土的抗拉强度可以满足要求,且有一定的安全储备。

3)锚固螺栓的动力响应

当车辆通过梳齿板式伸缩装置时,其锚固螺栓会产生明显的上拔力,上拔力过大会造成锚固螺栓中螺纹发生松动,甚至破坏。因此,将对螺栓上拔力进行对比分析。以车速为20km/h为例,如图3.38所示。

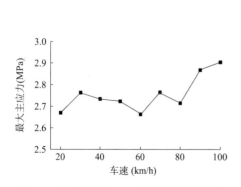

图3.37 不同车速下2261号节点最大主应力值

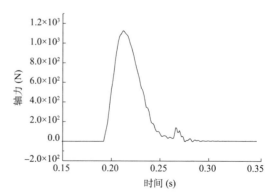

图3.38 上拔力时程曲线(车速为20km/h)

根据整体模型计算得到锚固螺栓的轴力后,进一步建立了螺栓、螺母连接的精细化有限元模型，由于模型的对称性，简化为 1/4 模型，如图 3.39 所示。根据该有限元模型，计算得到车轮以 100km/h 的速度经过桥梁伸缩装置时，锚固螺栓螺纹处的最大主应力的时程，结果如图 3.40 所示。由此可知，螺纹上的最大应力为 961MPa。目前 RBKF160 型梳齿板式伸缩装置采用 20MnTiB 合金结构钢，强度为 1130MPa，因此锚固螺栓的最大应力小于材料强度，满足要求。

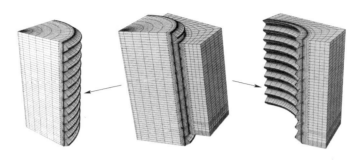

图 3.39 锚固螺栓-螺母的 1/4 结构有限元模型

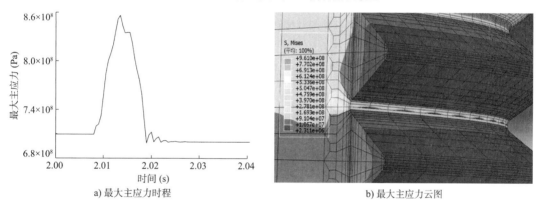

a) 最大主应力时程　　　　　　　　　　b) 最大主应力云图

图 3.40 锚固螺栓的最大主应力

3.2.3 RBQF1200 型梳齿板式单元式多向变位桥梁伸缩装置的动力响应

实际工程中，RBQF1200 型梳齿板式单元式多向变位桥梁伸缩装置可能的破坏形式一般有以下两种：①伸缩装置与路面连接段的钢桥面铺装损坏；②跨缝板锚固螺栓松动。基于此，本书首先分析了中间跨缝板的动力响应，并提取了关键节点的应力和挠度，然后分析了路面连接段的铺装应力，以及跨缝板锚固螺栓的受力情况。

1）跨缝钢板的动力响应

当车轮以 30km/h 的速度驶入中间跨缝板时，跨缝板的基本变形如图 3.41 所示。图中跨缝板下凹的位置即为该时刻轮压荷载的位置，其余车速下基本变形情况与此类似。从图中也可以看出，随着车轮荷载的移动，跨缝板会发生垂直方向的振动。

进一步，提取各个车速下跨缝板底面所有节点的 Mises 应力和挠度时程，发现各个车速下最大 Mises 应力和挠度对应的节点相同，分别位于图 3.42 所示位置（图中给出了对应的节点编号），且随着车速的增大，最大应力和挠度也相应增大。

a) 轮胎刚驶入跨缝板不久　　　　b) 轮胎位于伸缩缝缝腔中

图 3.41　中间跨缝板基本变形图

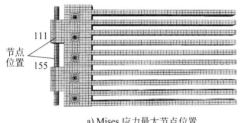
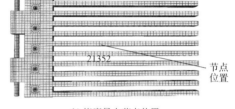

a) Mises 应力最大节点位置　　　　b) 挠度最大节点位置

图 3.42　RBQF1200 型梳齿板式单元式多向变位桥梁伸缩装置跨缝板的 Mises 应力及挠度所在节点位置图

经分析不同车速下的应力,发现应力随着车辆速度的增加而增加,所以只分析在载重汽车最大车速(100km/h)下的应力计算结果,如图 3.43 所示。

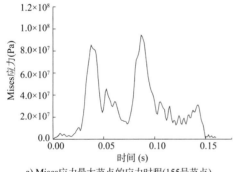
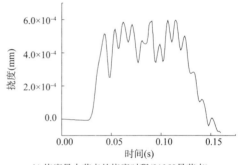

a) Mises应力最大节点的应力时程(155号节点)　　　　b) 挠度最大节点的挠度时程(21352号节点)

图 3.43　RBQF1200 型梳齿板式单元式多向变位桥梁伸缩装置跨缝板的 Mises 应力和挠度时程

由于结构和荷载对称,图 3.43a)中两个节点的应力时程几乎重合。从图 3.43a)中可以看出,当前轮驶上跨缝板(0.02675s)后,节点的 Mises 应力开始增加,当前轮轮压长度的中线位于节点上方(0.03875s)时,节点的 Mises 应力达到第一个峰值,当前轮驶入梳齿缝处(0.04875s)后,从图上可以看出,Mises 应力波动比较大,分析原因是跨缝板长度相对较大,荷载经过产生结构振动较为明显,这个过程中 Mises 应力的最大值约为 85.4MPa;而后,后轮开始驶入跨缝板(0.07275s),此时前轮荷载还未驶出跨缝板,两轮荷载共同作用在跨缝板上,当后轮轮压长度的中线位于节点上方(0.08675s)时,节点的 Mises 应力达到第二个峰值约为 94.3MPa,随后节点应力逐渐减小。整个过程中 Mises 应力最大为 94.3MPa,远小于材料的屈服强度(345MPa),因此,车轮荷载作用下跨缝板不会发生强度破坏。从图 3.43b)中可以看出,当车轮驶上跨缝板(0.02675s)后,节点位置有所下凹,随着车轮继续向前行驶,节点处挠度逐渐增大,并随着轮压荷载经过跨缝板产生振动,车轮通过伸缩缝缝腔后,节点逐渐恢复到平衡位置,上述过程中跨缝板的最大挠度小于0.6mm,变形较小,行车平顺性好。

2) 伸缩装置沥青混凝土铺装的动力响应

相比 RBKF160 型梳齿板式单元式多向变位桥梁伸缩装置,RBQF1200 型梳齿板式单元式多向变位桥梁伸缩装置的活动端全部是钢结构,并且该装置适合应用于钢桥上。考虑到伸缩装置前后有钢桥面铺装,以浇注式沥青混凝土(GA)铺装为例,车轮荷载经过时,连接伸缩装置的铺装层的动力响应值得关注。因此,需要对连接伸缩装置的沥青混凝土铺装层的动力响应进行分析,首先确定铺装层中拉应力最大的节点位置,然后分析不同速度车辆作用下的铺装层力学响应。

当车轮从跨缝梳齿板转轴一侧驶上伸缩装置,即正向行车时,连接伸缩装置的铺装层的最大主应力位于图 3.44 所示的 563 号节点。提取 563 号节点在不同车速下的最大主应力时程,结果如图 3.45 所示。从图 3.45 中可以看出:轮胎刚驶入铺装层时,节点开始受拉,这主要是由于沥青混凝土受压后下凹,使附近的混凝土产生了拉压力;轮胎驶向 563 号节点,节点开始由受拉转为受压,当车轮刚好位于 563 节点上方时,压应力达到最大值;轮胎继续向前驶上伸缩装置钢板后,跨缝板下凹,通过转轴对主梁顶部产生拉力,使得 563 号节点受拉,但此时拉应力相对较小。

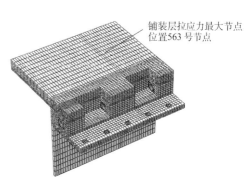

图 3.44 GA 拉应力最大位置及节点号码

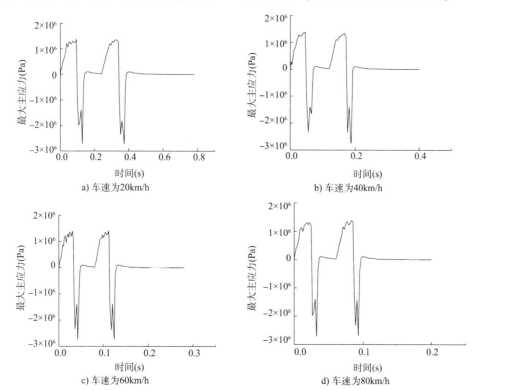

图 3.45

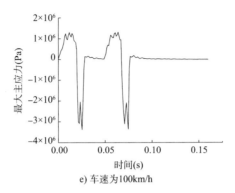

e) 车速为100km/h

图3.45 沥青混凝土最大主应力节点的主应力时程(563号节点)

图3.46所示为各个车速下沥青混凝土的最大主拉应力值,从图中可以看出,沥青混凝土的主拉应力幅值在1.22~1.32MPa范围内波动,对于浇注式沥青混凝土,其抗弯拉强度接近10MPa,因此该车轮荷载作用下,连接段沥青混凝土满足强度要求。

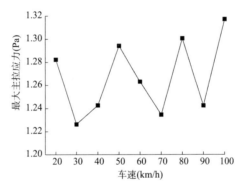

图3.46 不同车速下沥青混凝土563号节点的最大主拉应力

当车轮从不跨缝的固定梳齿板一侧驶上伸缩装置,即反向行车时,计算结果表明,沥青混凝土铺装层的最大拉应力节点位置仍为563号节点。图3.47提取了100km/h速度下的主拉应力时程曲线,并将各速度下的最大主拉应力进行汇总。

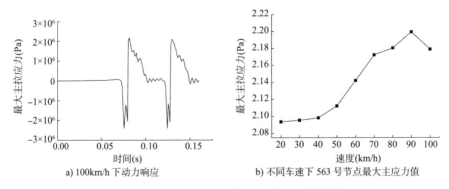

a) 100km/h下动力响应　　　　b) 不同车速下563号节点最大主应力值

图3.47 反向行车时沥青混凝土的主拉应力计算结果

由图3.47a)可知,反向行车时,563号节点主拉应力时程和正向行车时刚好相反。图3.47b)可知,反向下车时563号节点的最大主拉应力比正向行车时有所增大,最大主拉应力约 2.2MPa,但仍然满足强度条件。

3) 锚固螺栓的动力响应

RBQF1200 型梳齿板式单元式多向变位桥梁伸缩装置相比 RBKF160 型梳齿板式单元式多向变位桥梁伸缩装置在锚固方式上存在不同。RBQF1200 型梳齿板式单元式多向变位桥梁伸缩装置其 5 个锚固螺栓,主要的作用是限制跨缝板的竖向位移,由于采用了多层弹簧垫圈,所以螺栓位置允许其向下产生一定挠度,但是若其向上产生较大挠度,该锚固螺栓可起到一定的限制作用。因此,分析车轮荷载经过时该锚固螺栓的动力响应是有必要的。提取各个速度下螺栓的轴力,图 3.48 所示为 20~100km/h 的速度下螺栓轴力随时间的变化曲线。

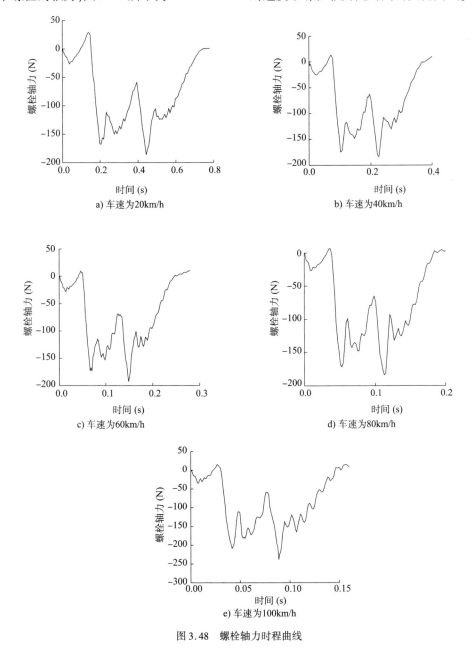

图 3.48 螺栓轴力时程曲线

计算结果表明,车辆以不同速度通过伸缩装置时,螺杆轴力的变化趋势基本相同:当前轮驶入跨缝板部分后,其轴力快速增大并达到第一个最大值,当前轮驶离锚固螺栓处,位于跨缝板上时,车轮荷载激起跨缝板振动,轴力波动明显;当前轮还未完全离开跨缝板,后轮荷载驶入跨缝板并达到锚固螺栓位置处时,螺栓轴力达到第二个最大值;随着后轮驶离伸缩装置,螺杆轴力趋于零。

结合实际工程进行分析,RBQF1200 型梳齿板式单元式多向变位桥梁伸缩装置的锚固螺栓,下部由弹簧进行紧固,起到提供预紧力的作用。因此,在车辆未通过跨缝板时,螺杆中存在一定的轴拉预紧力。当荷载经过时,由上述计算结果可知,螺杆中的预紧轴拉力会减小,因此可以认为,当车辆荷载经过梳齿板时,预紧轴拉力会使锚杆的轴压力变小,使其更不容易发生强度破坏。但是,当两侧梁体发生不均匀沉降时,若跨缝板向上运动,则会使该处弹簧压缩,螺杆轴拉力变大,因此该处仍然是值得关注的重点部位。

RBQF1200 型梳齿板式单元式多向变位桥梁伸缩装置锚固螺栓的轴力数值远小于 RBKF160 型梳齿板式单元式多向变位桥梁伸缩装置锚固螺栓的轴力数值,可以认为该处锚固螺栓一般不会发生强度破坏。

3.2.4　M160 型模数式伸缩装置的动力响应

用 3.2.1 节方法计算图 3.25 所示车轮荷载通过 M160 型模数式伸缩装置时的结构动应力,载重汽车的车速为 20~100km/h,这个速度区间涵盖中国高速公路上重型车辆可能的速度范围。

计算结果表明,伸缩缝结构中最大应力所在位置在中梁跨中 A 点和中梁与横梁连接部位 B 点,这与工程实际中发现的模数式伸缩缝早期破坏位置一致。提取 100km/h 车速时中梁跨中 A 点、中梁与横梁连接部位 B 点的 Mises 应力时程,如图 3.49 所示。比较可知,中梁与横梁连接部位 B 点的 Mises 应力更大,最大为 439MPa,因此该处一般为模数式伸缩缝首先发生破坏的位置。

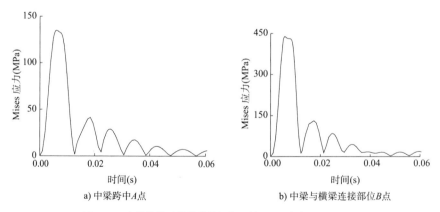

a) 中梁跨中 A 点　　　　b) 中梁与横梁连接部位 B 点

图 3.49　车轮荷载下伸缩缝易损位置的 Mises 应力(100km/h)

图 3.50a)为中梁跨中的 Mises 应力云图,图 3.50b)为中梁与横梁连接焊缝的 Mises 应力云图,由此可知,最大应力发生在中梁与支座垫块之间的焊缝结构的角点处。因为本书不仅考虑了竖向车轮荷载,还考虑了横向车轮荷载,所以焊缝结构上的应力为非对称分布,最

大应力比仅考虑竖向车轮荷载大得多。

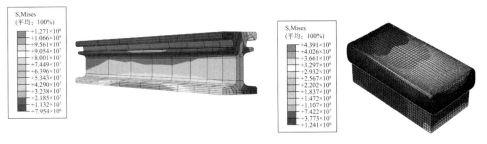

a) 中梁跨中　　　　　　　　　　b) 中梁连接焊缝

图 3.50　中梁跨中和中梁连接焊缝的 Mises 应力云图(单位:Pa)

计算不同车辆速度下的 Mises 应力,结果如图 3.51 所示。结构易损部位的 Mises 应力随着车速的增大而增大,因此可以用 100km/h 车速时的 Mises 应力来判断伸缩缝结构的强度,此时中梁跨中的 Mises 应力只有 124MPa,但是中梁与横梁连接焊缝上的 Mises 应力为 439MPa,超过了伸缩缝材料 Q355B 钢的屈服强度(345MPa),可能导致强度破坏。实际工程中发现的中梁与横梁连接焊缝典型破坏模式如图 3.52 所示。

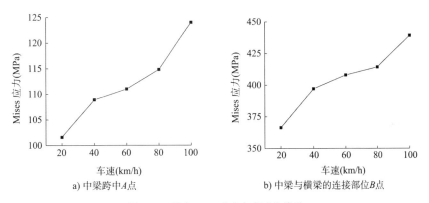

a) 中梁跨中 A 点　　　　　　　　　　b) 中梁与横梁的连接部位 B 点

图 3.51　最大 Mises 应力与车速的关系

图 3.52　中梁与横梁连接焊缝破坏

由上述分析可知,中梁与横梁的连接焊缝存在应力集中,是结构的易损位置。为此,可对连接焊缝进行优化,增大顶部宽度,从而增大其与中梁梁底焊接后的接触面,并使横梁与中梁之间的连接更加平滑,进一步减少应力集中。优化前、后的焊趾结构参见图3.53。

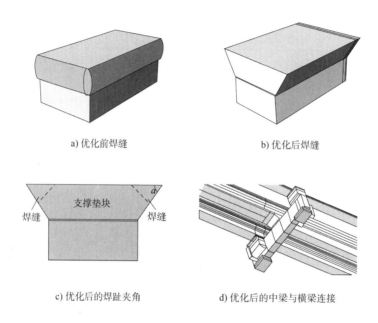

图3.53 焊趾结构优化

对焊趾结构优化后的模数式伸缩缝进行有限元分析,计算表明,结构应力与焊趾夹角有关,焊趾夹角越小,结构应力越小,疲劳寿命越大。但是根据《钢结构焊接规范》(GB 50661—2011),焊趾夹角也不能太小,需要满足最大焊脚尺寸的规定,允许的最小焊趾夹角为30°。当取该焊趾夹角时,中梁与支撑垫块间焊缝的Mises应力如图3.54所示,最大应力仍然位于焊缝焊趾处,为369MPa,比优化前减少70MPa,略超过Q355B的材料屈服强度345MPa。

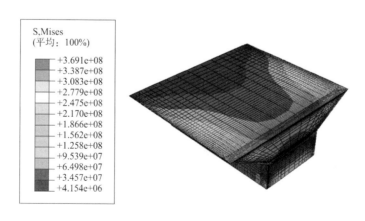

图3.54 焊趾结构优化后的Mises应力(单位:Pa)

3.3 单元式多向变位伸缩装置的疲劳寿命分析

在实际工程中,桥梁伸缩装置的破坏往往不是强度破坏,而是更低应力水平下的疲劳破坏。因此,需要进一步研究桥梁伸缩装置的疲劳寿命问题,并给出合理的疲劳寿命预测与优化建议。

3.3.1 桥梁伸缩装置的疲劳寿命分析方法

1) 结构疲劳的基本概念

结构疲劳是指材料在交变应力或交变应变作用下,因某点(或某些点)逐步产生局部的永久性材料结构变化导致在交变应力的循环次数达到一定数值后材料产生裂纹甚至发生断裂的过程。

疲劳与随时间发生周期性或者不规则变化的交变应力有关。如图3.55所示,交变应力相关的参数有周期T、应力循环次数、最大应力σ_{max}、最小应力σ_{min}、平均应力σ_m、应力幅σ_a、应力范围$\Delta\sigma$和应力比R来描述。

$$\sigma_m = \frac{\sigma_{max}+\sigma_{min}}{2}, \sigma_a = \frac{\sigma_{max}-\sigma_{min}}{2}, \Delta\sigma = \sigma_{max}-\sigma_{min}, R = \frac{\sigma_{min}}{\sigma_{max}} \tag{3.2}$$

交变应力作用下结构发生的疲劳破坏具有以下特征:①交变应力水平低,疲劳破坏往往是在交变应力的峰值还远没有达到材料的强度极限的情况下发生的,其应力水平较低;②脆性破坏,无论是脆性材料还是塑性材料,疲劳破坏往往是突然发生的,在破坏前不会产生明显的可以观察的宏观塑性变形,因此,在工程实际中往往无法提前预警,从而产生比较严重的后果;③具有局部性,疲劳破坏往往在构件的局部率先发生,因此局部设计优化可以明显提高构件的抗疲劳能力。

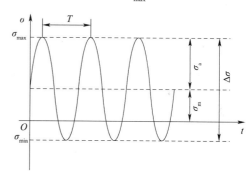

图3.55 典型正弦交变应力图

往往用疲劳强度和疲劳极限来表征材料疲劳破坏的可能性。疲劳强度是指构件或材料在交变应力作用下的强度。在一定的应力循环作用下,可以承受无限次的应力循环而不发生疲劳破坏的最大应力称为疲劳极限,用σ_e表示,在工程中无限次的应力循环无法实现,一般取有限次的应力循环N_c来代替,将其称为"条件疲劳极限",对于以钢结构为主的桥梁伸缩装置,往往取200万次作为条件疲劳极限。

2) S-N 曲线

S-N 曲线是一条能反映材料疲劳强度的特性曲线。S-N 曲线是由试验结果绘制而得的,试验采用标准试件,在一定的循环应力(平均应力σ_m相同,应力幅σ_a变化)作用下,测得试件疲劳断裂时的应力循环次数N。经过大量重复试验,将试验结果进行整理,以应力幅σ_a(或最大应力σ_{max})为纵坐标,以循环次数N为横坐标画出这些点并连接成线,如图3.56所示,该曲线即为材料的S-N曲线。

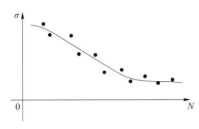

图 3.56 S-N 曲线及其绘制过程

需要强调的是：①试验过程中符合以下要求所得到的曲线才可以被认为是材料疲劳性能的典型代表（即基本型）：a.试件光滑；b.应力循环为对称循环（即 $R = -1$）；c.疲劳试验是轴向拉压试验等。其他试验条件得到的 S-N 曲线（如直接对各类构件进行疲劳试验所得到的构件 S-N 曲线等）考虑了其他的影响因素，不能认为是材料最基本疲劳性能的反映。②试验中循环次数（疲劳寿命）N 的离散性很大，因此，必须对构件的存活率加以限制，50% 存活率下 S-N 曲线称为中值 S-N 曲线。

S-N 曲线的经验表达式有以下四种：

（1）指数式。

$$Ne^{\alpha\sigma} = C \tag{3.3}$$

式中，α、C 为材料常数，两边取对数可得：

$$\sigma = a + b\lg N \tag{3.4}$$

式中，$a = 2.3026\lg C/\alpha$，$b = -2.3026/\alpha$。显然，指数式在半对数坐标图上为一直线。

（2）幂函数式。

$$\sigma_{max}^{\alpha} N = C \tag{3.5}$$

式中，α、C 为材料常数，两边取对数可得：

$$\lg \sigma_{max} = a + b\lg N \tag{3.6}$$

式中，$a = \lg C/\alpha$，$b = -1/\alpha$。显然，幂函数式在双对数坐标图上为一直线。

（3）Basquin 式。

$$\sigma_a = \sigma'_f (2N)^b \tag{3.7}$$

式中，σ'_f 为疲劳强度系数；b 为试验常数。

（4）Weibull 式。

$$N = a(\sigma_a - A)^b \tag{3.8}$$

式中，a、b 为材料常数；A 为理论应力疲劳极限幅值。

两边取对数可得：

$$\lg N = a + b\lg(\sigma_a - A) \tag{3.9}$$

显然，Weibull 式在双对数坐标图上是非线性的。

3）平均应力对疲劳寿命的影响

通常所提的 S-N 曲线是在应力比 $R = -1$ 的条件下得到的，工程中对称循环荷载的情形极少，通常情况下 $R \neq -1$，此时，$\sigma_m \neq 0$，因此有必要考虑平均应力对疲劳寿命的影响。平均应力对疲劳寿命的影响可以体现在应力幅上，常用的经验公式有：

（1）Goodman 公式。

$$\sigma_a = \sigma_{-1}\left(1 - \frac{\sigma_m}{\sigma_b}\right) \tag{3.10}$$

（2）Gerber 公式。

$$\sigma_a = \sigma_{-1}\left[1 - \left(\frac{\sigma_m}{\sigma_b}\right)^2\right] \tag{3.11}$$

(3) Soderberg 公式。

$$\sigma_a = \sigma_{-1}\left(1 - \frac{\sigma_m}{\sigma_s}\right) \quad (3.12)$$

式中,σ_{-1} 为 $R=-1$ 时对应的等寿命应力幅;σ_s 为材料屈服极限;σ_b 为材料强度极限。

将上述公式绘制成图,如图 3.57 所示,对比发现 Soderberg 直线偏于保守;Gerber 曲线主要适用于塑性材料,由于其非线性,故使用上相对麻烦;Goodman 直线主要适用于脆性材料,对延性材料则分析结果偏于保守,在实际工程中比较常用。

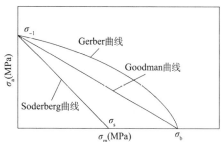

图 3.57 平均应力对应力幅影响的经验公式

4) 线性疲劳累积损伤理论

在计算桥梁伸缩装置的疲劳寿命时,还需要考虑车轮荷载是一个移动的变幅荷载,而简单的 S-N 曲线只适用于求解常幅荷载下的材料疲劳性能,为此,人们引入了疲劳累计损伤理论,来解决这一问题。

一个世纪以来,很多学者提出了不同的疲劳累计损伤理论,其中,在实际工程中应用最为广泛的是 1945 年提出的 Palmgren-Miner 线性疲劳累计损伤理论。Miner 提出的线性疲劳累计损伤理论认为:

(1) 结构在一个应力循环过程中所造成的损伤为:

$$D = \frac{1}{N} \quad (3.13)$$

式中,N 为当前应力水平所对应的疲劳寿命。

(2) 疲劳损伤可以分别计算,线性累加。即变幅荷载作用下,r 个应力循环所造成的损伤合计为:

$$D = \sum_{i=1}^{r} \frac{n_i}{N_i} \quad (3.14)$$

式中,N_i 为应力水平为 σ_i 时所对应的疲劳寿命;n_i 为应力水平为 σ_i 的应力循环次数。

(3) 疲劳临界损伤 $D_{CR}=1$。

以上内容也称 Miner 假设。Miner 提出的线性疲劳累计损伤理论理解简单,应用方便,在实际工程中得到了非常广泛的应用。基于线性疲劳累计损伤理论,使用材料或结构的 S-N 曲线进行疲劳寿命估算的方法,称为 S-N 曲线法或名义应力法。

5) 疲劳应力谱和雨流计数法

疲劳应力时程是指构件关键部位的应力随时间变化的过程。实际工程中构件的应力时程是随机的,将这样的随机应力-时间历程简化为一系列应力循环并记取各个应力水平的循环次数的方法称为"计数法",所得到的结果称为疲劳应力谱,其是预测构件疲劳寿命所必需的内容。目前提出的计数法已经有十几种,在工程实际中使用最多的是雨流计数法。

雨流计数法是 1968 年 M. Matsuishi 和 T. Ehno 提出的,如图 3.58 所示,其首先将应力时程数据的时间轴向下竖向放置,也就是用横坐标来表示应力,此时,可以视其为宝塔形堆叠的屋顶,就像雨滴从每个屋顶流下掉落在下面的屋顶上一样。雨流计数法的计数规则如下:

(1) 重新排列应力历程,以最高峰和最低谷中绝对值最大点作为应力时程的起点。

(2) 雨滴依次从每一个峰或谷的内侧开始流动,遇到下一个峰或谷时掉落,直到对面有比开始时更高峰或更低谷时停止。

(3) 雨滴遇到上面滴落的雨滴时停止。

(4) 记录全部的全循环,并记录各自的 σ_m 和 σ_a。

重新排列图3.58a)所示的应力时程,以最高峰和最低谷中绝对值最大点作为应力时程的起点,得到图3.58b),由于 a 点为最高峰值,且绝对值大于最低谷值,故将其作为应力时程的起点。如图3.58c)所示,将时间轴作为竖轴,向下为正方向,应力作为横轴。雨滴的路径依次为 $a-b-b'-d$、$b-c$、$c-b'$、$d-e-e'-i$、$e-f-f'-h$、$f-g$、$g-f'$、$h-e'$,将其重组,取出全循环 $a-b-b'-d-e-e'-i$、$b-c-b'$、$e-f-f'-h-e'$、$f-g-f'$,即 $a-d-i$、$b-c-b'$、$e-h-e'$、$f-g-f'$,如图3.58d)所示。

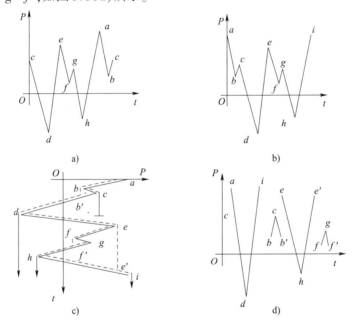

图3.58 雨流计数法示例

为了能够更好地将雨流计数法程序化,需要将其计数规则与计算机程序相结合,采用程序化的分析流程,将应力时程转化为疲劳应力谱。

基于以上介绍的计算理论,利用自编软件实现疲劳寿命分析,计算得到桥梁伸缩装置的疲劳寿命,流程如图3.59所示。

图3.59 疲劳计算流程

3.3.2 RBKF160型梳齿板式单元式多向变位桥梁伸缩装置的疲劳寿命

和强度分析保持一致,疲劳寿命分析的对象也是桥梁伸缩装置的易损部位,对于RBKF160

型梳齿板式单元式多向变位桥梁伸缩装置，易损部位主要为跨缝钢板、钢板下混凝土、锚固螺栓。

1）跨缝钢板的疲劳寿命

跨缝钢板的疲劳抗力曲线取中国铁道部科学研究院通过大量试验得到的 Q355B 级钢材的疲劳抗力方程：

$$\lg N + 4.0\lg\sigma_i = 15.00 \tag{3.15}$$

式中，N 为疲劳寿命；σ_i 为应力幅。

根据载重汽车作用下跨缝钢板在各车速下的应力计算结果，车速越大，应力越大，应力幅也越大，所以用最大车速下的应力幅作用疲劳计算的应力幅。采用图 3.59 所示步骤计算跨缝钢板的疲劳寿命，发现其疲劳寿命 N 为 4.85×10^6 万次，远大于 200 万次，因此梳齿板式单元式多向变位伸缩装置中的跨缝钢板在服役期间一般不会发生疲劳破坏。

2）跨缝钢板下混凝土的疲劳寿命

根据前文的强度分析，跨缝钢板下如果采用普通 C50 混凝土，则无法满足强度条件，而材料的疲劳极限应力比强度极限应力来得小，因此更无法满足疲劳寿命的条件。因此，以下采用抗拉强度较高的钢纤维混凝土，来分析此时跨缝钢板下混凝土的疲劳寿命。

钢纤维混凝土的疲劳抗力曲线需经过试验确定，选取北京大学、昆明理工大学等多家单位通过疲劳试验得到的、95% 存活率下的路面用钢纤维混凝土的疲劳抗力方程：

$$\lg N + 3.2253\sigma_i = 15.8781 \tag{3.16}$$

采用图 3.59 所示疲劳寿命分析步骤加以计算，得到跨缝钢板下最不利节点的混凝土疲劳寿命，如图 3.60 所示。图 3.60 表明，在载重汽车常用的 20~100km/h 速度范围内，钢纤维混凝土的疲劳寿命远大于 200 万次，因此可以满足我国《公路桥梁伸缩装置设计指南》（T/CCTAS 93—2023）中要求的伸缩装置疲劳寿命，且有较大的安全储备。

3）锚固螺栓的疲劳寿命

如果锚固螺栓疲劳寿命不足，将导致螺栓松动脱落，梳齿板损坏。螺栓的疲劳抗力曲线选取中国铁道部科学研究院通过大量试验得到的钢桥高强度螺栓疲劳抗力方程：

$$\lg N + 3.0\lg\sigma_i = 12.65 \tag{3.17}$$

根据上述公式，首先结合动应力分析得到锚固螺栓的螺纹最大主应力时程，如图 3.61 所示。然后由图 3.59 所示的疲劳分析程序，可以估算出 RBKF160 型梳齿板式单元式多向变位桥梁伸缩装置的螺栓疲劳寿命达 34991 万次，远超我国《公路桥梁伸缩装置设计指南》（T/CCTAS 93—2023）要求。

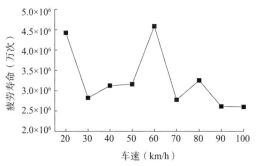

图 3.60 跨缝钢板下最不利混凝土节点（2261 号节点）的疲劳寿命

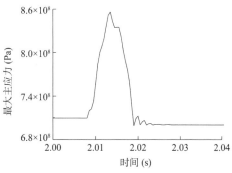

图 3.61 锚固螺栓的最大主应力时程

3.3.3 RBQF1200型梳齿板式单元式多向变位桥梁伸缩装置的疲劳寿命

和强度分析保持一致,疲劳寿命分析的对象也是桥梁伸缩装置的易损部位,对于 RBKF160 型梳齿板式单元式多向变位桥梁伸缩装置,易损部位可能有跨缝钢板、沥青混凝土铺装层、锚固螺栓。

1）跨缝钢板的疲劳寿命

跨缝钢板的疲劳抗力曲线仍然选用 Q355B 材料的疲劳抗力方程:

$$\lg N + 4.0\lg \sigma_i = 15.00 \tag{3.18}$$

式中,N 为疲劳寿命;σ_i 为应力幅。

根据载重汽车在各车速下的应力计算结果,由图 4.59 所示的疲劳寿命分析步骤加以计算,得到各车速下的疲劳寿命 N（图 3.62）,由图 3.62 可知各车速下的疲劳寿命 N 远大于 200 万次,因此 RBQF1200 型梳齿板式单元式多向变位桥梁伸缩装置中的跨缝钢板在服役期间一般不会发生疲劳破坏。

2）连接路面沥青混凝土铺装的疲劳寿命

根据前文的强度分析,沥青混凝土铺装层和 RBQF1200 型梳齿板式单元式多向变位桥梁伸缩装置连接处的拉应力相对较大,因此可分析其疲劳寿命。沥青混凝土疲劳抗力曲线的研究相对较少,根据试验,综合考虑荷载间歇时间、不利环境天数、裂缝扩展以及荷载横向分布的影响的浇注式沥青混凝土疲劳寿命方程如下:

$$\lg N + 3.9502\sigma_i = 9.0304 \tag{3.19}$$

式中,N 为疲劳寿命;σ_i 为应力幅。

采用图 3.59 所示疲劳寿命分析步骤加以计算,得到沥青混凝土铺装层最不利节点的疲劳寿命,如图 3.63 所示。图 3.63 表明,在载重汽车常用的 20～100km/h 速度范围内,沥青混凝土铺装层的疲劳寿命均大于 200 万次,因此可以满足我国《公路桥梁伸缩装置设计指南》(T/CCTAS 93—2023)中要求的疲劳寿命,且有较大的安全储备。

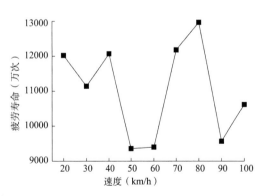
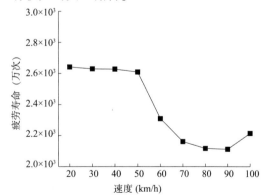

图 3.62 跨缝钢板最不利节点（155 号节点）的疲劳寿命　　图 3.63 沥青混凝土连接路面最不利处（563 号节点）疲劳寿命

3）锚固螺栓的疲劳寿命

如果锚固螺栓疲劳寿命不足,将导致螺栓松动脱落,梳齿板损坏。螺栓的疲劳抗力曲线仍采用中国铁道部科学研究院通过大量试验得到的钢桥高强度螺栓疲劳抗力方程:

$$\lg N + 3.0\lg\sigma_i = 12.65 \tag{3.20}$$

根据前文的强度分析,RBQF1200 型梳齿板式单元式多向变位桥梁伸缩装置的锚固螺栓最大轴力远小于 RBKF160 型梳齿板式单元式多向变位桥梁伸缩装置的最大轴力,计算轴力最大时的速度即 100km/h 下的螺栓疲劳寿命,得到其疲劳寿命为 648501 万次,远超 200 万次,满足我国《公路桥梁伸缩装置设计指南》(T/CCTAS 93—2023)要求。

3.3.4　M160 型模数式伸缩装置的疲劳寿命

对于 M160 型模数式伸缩装置,中梁与横梁的焊缝位置不仅容易发生强度破坏,也是疲劳寿命较小的部位。对于钢结构焊接的疲劳分析,需要引入下文的有效缺口应力法,以获得焊缝疲劳分析所需的应力幅值。

1) 有效缺口应力法

如图 3.50 所示,伸缩缝结构的最大应力发生在中梁与横梁的焊接位置。对于焊接钢结构,一般采用应力幅来衡量疲劳损伤的大小。研究认为,最大主应力是焊接裂缝产生的主要原因,因此疲劳分析中应选用最大主应力作为应力幅的衡量指标。在疲劳应力计算时,本文参考国内外焊缝相关研究与规范,选用有效缺口应力法来考虑中梁与横梁支撑垫块焊接处应力集中的影响,其基本思想是通过半径为 1mm 的圆弧来代替焊趾处的缺口尖角,从而避免实际缺口尖角的应力奇点,然后基于有限单元法,采用三维实体单元模型,计算虚拟圆弧处的最大主应力,作为 S-N 曲线疲劳评估的有效缺口应力。采用有效缺口应力法后,中梁与横梁支撑垫块间焊缝的有限元模型如图 3.64 所示。

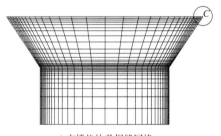 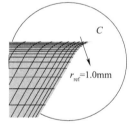

a) 支撑垫块及焊缝网格　　　　b) 焊缝应力集中点 C 放大图

图 3.64　采用有效缺口应力法的焊缝有限元模型

2) 中梁跨中的疲劳寿命

如前文所述,模数式伸缩装置第 1 个应力较大的位置是中梁跨中,由图 3.65 所示主应力时程,经过图 3.59 所示疲劳寿命计算流程,可以得到伸缩缝结构易损位置的疲劳寿命。车速越大,Mises 应力也越大,主应力幅值也越大。因此,以 100km/h 的车轮荷载作用下的伸缩缝结构为例讨论疲劳寿命。此时,中间跨的跨中梁底的疲劳寿命为 3460 万次,远高于我国《公路桥梁伸缩装置设计指南》(T/CCTAS 93—2023)中规定的疲劳寿命要求,即 200 万次,因此可以认为,中梁跨中在伸缩装置结构完整情况下,不会发生疲劳破坏。

3) 中梁与横梁连接焊缝的疲劳寿命

模数式伸缩装置第 2 个应力较大的位置是中梁与横梁的连接焊缝。针对图 3.53 所示优化后的焊缝结构,首先采用有限单元法、结合前述有效缺口应力法,计算得到连接焊缝处的主应力时程,如图 3.66 所示。

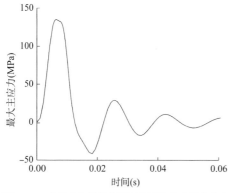
图 3.65 车轮冲击荷载作用下中梁跨中的最大应力时程(100km/h)

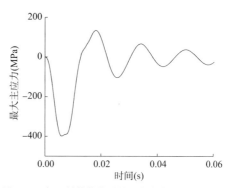
图 3.66 焊趾结构优化后的最大主应力(100km/h)

经过图 3.59 所示疲劳寿命计算流程,可以得到中梁与横梁的连接焊缝位置处的疲劳寿命,最大主应力幅值为 533MPa,疲劳寿命为 13.9 万次,低于我国《公路桥梁伸缩装置设计指南》(T/CCTAS 93—2023)中规定疲劳寿命要求,即 200 万次。实际上,中梁与横梁的连接焊缝也是模数式伸缩装置在工程中发现首先出现疲劳破坏的位置,即使是中梁跨中断裂的模数式伸缩缝,也发现中梁与横梁的连接焊缝存在早期破坏,因此可以认为,中梁与横梁的连接焊缝首先破坏,然后由于横梁对中梁的支撑作用减弱,导致中梁的后继破坏。

3.4 JCF80 连梁锚固防冲击梳齿伸缩装置强度分析

3.4.1 JCF80 连梁锚固防冲击梳齿板伸缩装置的结构设计与分析模型

JCF80 连梁锚固防冲击梳齿伸缩装置是一种新型的装配式伸缩装置,可以大大降低安装难度,提高运行安全性,其结构如图 3.67 所示,最大伸缩量为 80mm。

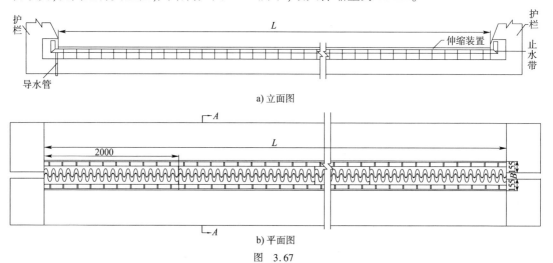
图 3.67

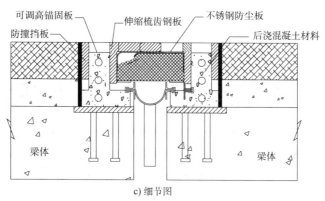

c) 细节图

图 3.67 JCF80 连梁锚固防冲击梳齿伸缩装置结构图

采用有限单元法进行结构力学分析，建立的伸缩装置有限元模型如图 3.68 所示。由于结构对称，只需要建立一半的模型，该模型包含 14887 个六面体单元，23249 个节点。

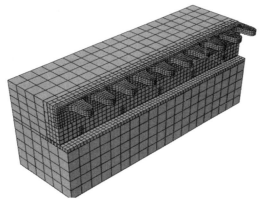

图 3.68 JCF80 连梁锚固伸缩装置的有限元模型

3.4.2 JCF80 连梁锚固防冲击梳齿伸缩装置的强度分析

伸缩装置受到的荷载为重型汽车的车轮荷载，对于宽度为 1m 的模块化伸缩装置，只有车辆后轴的一侧轮胎作用，其作用面为 $0.2\text{m} \times 0.6\text{m}$，考虑冲击作用后，竖向轮压为 91kN，水平冲击力为 21kN。根据初步分析，当车轮作用于伸缩装置一侧时，结构受力最为不利，如图 3.69 所示。

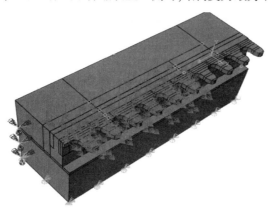

图 3.69 车轮荷载的最不利位置

上述车轮荷载下的伸缩装置力学响应计算结果如图3.70所示。

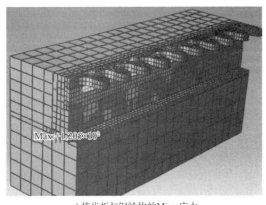

a) 梳齿板与钢结构的Mises应力

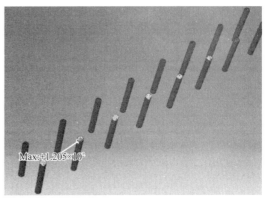

b) 钢板锚固剪力钉的Mises应力

c) 混凝土的主拉应力

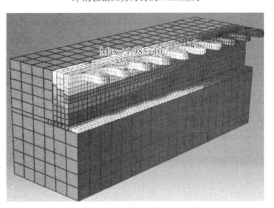

d) 梳齿板与下部钢结构的位移

图3.70 车轮荷载下的伸缩装置力学响应

上图计算结果中的主要数值如表3.1所示。

伸缩装置的力学响应   表3.1

所属部分	最大应力出现位置	最大应力
钢结构部分	剪力钉与预埋钢板的连接处	Mises应力为120.5MPa
混凝土部分	后浇混凝土与可调高锚固钢板的连接处	最大拉应力为12.69MPa

上述计算结果表明，最大Mises应力出现在剪力钉与预埋钢板的连接处，最大值为120.5MPa。当前伸缩装置的钢材选用Q355钢，其材料许用应力为236 MPa，因此钢材强度满足要求。混凝土部分的最大主拉应力出现在后浇混凝土与可调高锚固钢板的连接处，最大值为12.69MPa，大于C50混凝土的弯拉强度，因此需要采用弯拉强度满足要求的超高性能混凝土或其他材料，以满足混凝土强度要求。

上述计算也表明，最大位移出现在梳齿板末端，最大值为0.1985mm，根据《公路桥梁伸缩装置通用技术条件》(JT/T 327—2016)规定，本产品属于SC型梳齿板式伸缩装置，要求拉伸、压缩时最大竖向变形偏差应小于1mm，位移满足要求。

第 4 章

单元式多向变位伸缩装置的技术要求与制造工艺

单元式多向变位桥梁伸缩装置是在广泛研究与实践的基础上,成功研制的具有国际领先水平的新一代桥梁伸缩装置。单元式多向变位装置主要由多向变位铰、跨缝板、固定梳齿板、锚固结构等组成,特别能适应悬索桥、斜拉桥等大型桥梁的纵向、横向、竖向变形和扭转等多向变位,水平转角和竖向转角均可达到 ±0.06rad 及以上,并可根据要求调整其转角性能,且能承受重载车辆的冲击作用,完全符合当前形势下工程建设安全、耐久、适用、经济、方便的宗旨。

单元式多向变位伸缩装置的上述优良性能不仅取决于巧妙的结构设计,而且与严格的生产工艺与质量控制密不可分。因此,本章重点介绍单元式多向变位伸缩装置的技术要求与制造工艺。

4.1 单元式多向变位伸缩装置的技术要求

为了确保生产质量、发挥设计优势,单元式多向变位伸缩装置的制造必须满足以下的技术要求。

4.1.1 总体性能要求

作为一种高性能的桥梁伸缩装置,除了满足一般桥梁伸缩装置所具有的基本功能外,还必须满足以下四个条件。

(1)保证桥梁结构的多向变位自由。

单元式多向变位伸缩装置应满足桥梁结构在纵、横、竖三个方向的平动和转动要求。梁体在运营过程中,除了基本的纵向伸缩位移以外,还会发生多种变位。所以,作为高性能的梁体连接构件,除了要保证梁体在运营过程中的纵向伸缩位移需求以外,还要保证梁体其他的多维的变位需求。

(2)提供耐久可靠的交通承载面。

单元式多向变位伸缩装置往往用于重要桥梁,其工作性能受到运营管理方和人民群众的广泛关注,因此必须具备强度储备充分、交通运营舒适、行车载人安全(防滑)的交通承载面,保证桥梁结构在以汽车荷载为主的可变荷载长期作用下,平稳安全地通行,并且能够适应国家规范要求的承载能力极限状态和正常使用极限状态下的工作要求

（图4.1）。

(3)降噪和防振。

单元式多向变位伸缩装置要求相关构件尽可能多地采用弹性材料制造,并通过结构设计和制造工艺上的改进,减小汽车荷载冲击引起的振动与噪声,降低其对周边环境的交通污染(图4.2)。

图4.1 单元式多向变位伸缩装置的交通承载面　　　图4.2 "降噪型"桥梁伸缩装置

(4)良好的防水性能和排水系统。

防水性能及其耐久性是当前桥梁伸缩装置的常见问题,单元式多向变位伸缩装置的钢构件必须具有良好的抗腐蚀性能;水、尘土和公路垃圾不得从伸缩装置处直接向下排放或渗漏;伸缩装置和桥面防水系统有很好的连接,保证连接处的防水性能。伸缩装置应满足桥梁排水的各项要求。雨水收集与排水系统如图4.3所示。

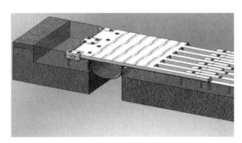 

a)橡胶止水带　　　　　　　　　　b)排水管

图4.3 雨水收集与排水系统

4.1.2 分项技术要求

为了实现上述总体性能要求,在单元式多向变位伸缩装置的生产制造中,还需要满足以下的分项技术要求。

(1)材料要求。

单元式多向变位伸缩装置的制造需要用到普通钢材、不锈钢板、合金钢材、天然橡胶等材料,这些材料的性能必须满足相应的国家标准要求,包括化学成分、力学性能、耐久性等。

(2)生产工艺。

生产工艺是影响产品质量和生产效率的重要原因。当前产品的质量问题,往往是由工艺落后造成的,尤其是工艺管理不善和工艺纪律松弛。同时,不合理的生产工艺,也将严重影响生产效率,增加生产成本。因此,桥梁伸缩装置的制造,需要对其生产工艺进行严格规定。

(3)尺寸偏差。

某一尺寸减去基本尺寸的代数差称为尺寸偏差,最大极限尺寸减去基本尺寸所得的代数值称为上偏差;最小极限尺寸减去基本尺寸所得的代数值称为下偏差。虽然桥梁伸缩装置的产品尺寸不可能与设计图纸完全一样,但是其偏差必须控制在设计要求的范围内,从而保证产品质量。

(4)外观质量。

伸缩装置的外观质量是指在外形方面满足桥梁使用者需要的能力,主要表现为产品的光洁程度、造型、色泽、包装等。

(5)组装要求。

伸缩装置的各个部件生产出来后,需要对各个部件和它们的相互配合关系提出具体要求,确保能将它们组装成一个整体,并实现多向变位能力。

(6)性能检测。

性能测试是对伸缩装置的各个部件的材料性能、工作功能,以及组装后的整体结构在多种正常、峰值以及异常负载条件下的各项性能指标进行测试,确保其使用功能的实现。

4.2 单元式多向变位伸缩装置的材料要求

单元式多向变位伸缩装置由若干组标准单元和非标准单元组成,每组单元由多向变位铰、活动梳齿板、固定梳齿板、锚固结构、导水装置、滑板等组成,所用的材料主要是钢材和橡胶类材料。伸缩装置要具有足够的耐久性,对于主要部件,要求达到30年的设计寿命;对于次要部件,则需满足15年的设计寿命。因此,单元式多向变位伸缩装置所用的材料必须满足相关性能要求。

4.2.1 钢材的性能要求

1)梳齿钢板的材料性能要求

梳齿钢板一般需要采用 Q355 及以上的钢材,当最低日平均温度(T_s)高于0°时,钢材采用 Q355B;当最低日平均温度(T_s)介于 -20°~0°之间时,钢材采用 Q355C;当最低日平均温度(T_s)低于 -20°时,钢材采用 Q355D;以上材料性能要求符合现行《低合金高强度结构钢》(GB/T 1591)的要求。对于在沿海地区使用的梳齿钢板,钢材应采用耐候 Q355NH 钢材,材料性能要求应符合现行《耐候结构钢》(GB/T 4171)的要求。梳齿板采用的钢板原材料如图 4.4 所示。

各类 Q355 钢材的牌号及化学成分应满足表 4.1 的要求。

图 4.4　梳齿板采用的钢板原材料

各类 Q355 钢材的化学成分要求　　　　　　　　　　　　　表 4.1

牌号	质量等级	化学成分(质量分数)(%)							
		C		Si	Mn	P	S	Cr	Cu	Ni
		以下公称厚度或直径(mm)		不大于						
		≤40	>40							
		不大于								
Q355	B	0.24		0.55	1.60	0.035	0.035	0.30	0.40	0.30
	C	0.20	0.22			0.030	0.030			
	D	0.20	0.22			0.025	0.025			
Q355NH	—	≤0.16		≤0.50	0.50~1.50	≤0.030	≤0.030	0.40~0.80	0.25~0.55	≤0.65

各类 Q355 钢材的拉伸性能应符合表 4.2 的要求。

各类 Q355 钢材的拉伸性能要求　　　　　　　　　　　　　表 4.2

牌号	质量等级	上屈服强度 R_{eH}(MPa)(≥)						抗拉强度 R_M(MPa)			
		公称厚度或直径(mm)									
		≤16	>16~40	>40~63	>63~80	>80~100	>100~150	≤100	>100~150	>150~250	>250~400
Q355	B、C	335	345	335	325	315	295	470~630	450~600	450~600	450~600
	D										

各类 Q355 钢材的伸长率应符合表 4.3 的要求。

各类 Q355 钢材的伸长率要求　　　　　　　　　　　　　表 4.3

牌号	质量等级	断后伸长率 A(%)(≥)				
		公称厚度或直径(mm)				
		试样方式	≤40	>40~63	>63~100	>100~150
Q355	B、C、D	纵向	22	21	20	18
		横向	20	19	18	18

耐候 Q355NH 钢材的拉伸性能应符合表 4.4 的要求。

耐候 Q355NH 钢材的伸长性能要求 表 4.4

牌号	拉伸试验								
	屈服强度 R_{eL}（N/mm²）（≥）				抗拉强度 R_M（N/mm²）	断后伸长率 A(%)（≥）			
	≤16	>16~40	>40~60	>60		≤16	>16~40	>40~60	>60
Q355NH	355	345	335	325	490~630	22	22	21	20

各类 Q355 钢材的夏比（V 形缺口）冲击试验的温度和冲击吸收能量应符合表 4.5 的要求。

各类 Q355 钢材的冲击吸收能量要求 表 4.5

牌号	质量等级	以下试验温度的冲击吸收能量最小值 KV_2（J）								
		20℃		0℃		-20℃		-40℃		-60℃	
		纵向	横向	纵向	横向	纵向	横向	纵向	横向	纵向	横向
Q355	B	34	27								
	C			34	27						
	D					34[a]	27[a]				

注：a 仅适用于厚度大于 250mm 的 Q355D 钢板。

耐候 Q355NH 钢材的冲击性能应符合表 4.6 的要求。

耐候 Q355NH 钢材的冲击性能要求 表 4.6

质量等级	V 形缺口冲击试验[a]		
	试验方向	温度(℃)	冲击吸收能量 KV_2（J）
A	纵向	—	
B		+20	≥47
C		0	≥34
D		-20	≥34
E		-40	≥27[b]

注：a 冲击试样尺寸为 10mm×10mm×55mm。
　　b 经供需双方协商，平均冲击功值可以大于或等于 60J。

2）Q355 钢材的检验规则

（1）Q355 钢材的验收。

Q355 钢材应成批验收。每批应由同一牌号、同一炉号、同一规格、同一交货状态的钢材组成，每批重量应不大于 60t，单卷大于 30t 的钢带和连轧板可按两个轧制卷组成一批；对容积大于 200t 转炉冶炼的型钢，每批重量不大于 80t。经供需双方协商，可每炉检验 2 批。Q355B 级钢允许同一牌号、同一冶炼和浇筑方法、同一规格、同一生产工艺制度、同一交货状态或同一热处理制度，不同炉号钢材组成混合批，但每批不得多于 6 个炉号，且各炉号碳含量之差不大于 0.02%，Mn 含量之差不大于 0.15%。

(2)Q355NH 钢材的验收。

Q355NH 钢材应成批验收。每批由同一型号、同一炉号、同一规格、同一轧制制度和同一交货状态的钢材组成;冷轧产品每批不超过 30t。复检时,如果抗冲击试验结果不符合规定,应从同一产品取样上再取 3 个试样进行试验,先后 6 个试样的平均值应不小于钢材冲击性能的规定值,允许其中 2 个试样低于规定值,但低于规定值 70% 的试样只允许有一个。

4.2.2 其他钢板、圆钢、方钢、角钢的材料性能要求

1)其他钢材的性能要求

除了梳齿钢板采用的 Q355 级钢材外,其他部件采用 Q235 级钢材。当最低日平均温度(T_s)高于 0° 时,钢材采用 Q235B;当最低日平均温度(T_s)介于 -20°~0° 之间时,钢材采用 Q235C;当最低日平均温度(T_s)低于 -20° 时,钢材采用 Q235D;以上材料性能要求符合现行《碳素结构钢》(GB/T 700)的要求。

各类 Q235 钢材的牌号及化学成分应满足表 4.7 的要求。

各类 Q235 钢材的化学成分要求　　　　表 4.7

牌号	统一数据代号[a]	等级	厚度(直径)	脱氧方法	化学成分(质量分数)(%)(不大于)				
					C	Si	Mn	P	S
Q235	U12352	A	—	F、Z	0.22	0.35	1.40	0.045	0.050
	U12355	B			0.20[a]			0.045	0.045
	U12358	C		Z	0.17			0.040	0.040
	U12359	D		TZ				0.035	0.035

注:a 经需方,Q235B 的碳含量可不大于 0.22%。

各类 Q235 钢材的拉伸性能应符合表 4.8 的要求。

各类 Q235 钢材的拉伸性能要求　　　　表 4.8

牌号	等级	屈服强度[a] R_{eH}(N/mm²)(≥)						抗拉强度[b] R_m (N/mm²)	断后伸长率 A(%)(≥)						冲击试验(V 形缺口)	
		厚度(或直径)(mm)							厚度(或直径)(mm)						温度(℃)	冲击吸收功(纵向)(J)(≥)
		≤16	>16~40	>40~60	>60~100	>100~150	>150~200		≤40	>40~60	>60~100	>100~150	>150~200			
Q235	A	235	225	215	215	195	185	370~500	26	25	24	22	21	+20		
	B													0	27[c]
	C													0	
	D													-20	

注:a Q195 的屈服强度值仅供参考,不作交货条件。
　　b 厚度不大于 100mm 的钢材,抗拉强度下限允许降低 20N/mm²。宽带钢(包括剪切钢板)抗拉强度上限不作交货条件。
　　c 厚度小于 25mm 的 Q235B 级钢材,如供方能保证冲击吸收功值合格,经需方同意,可不作检验。

2)Q235 钢材的检验规则

各类 Q235 级钢材也应该成批验收,每批应由同一牌号、同一炉号、同一规格、同一交货

状态的钢材组成,每批重量应不大于60t。公称容积量比较小的炼钢炉冶炼的钢轧成的钢材,同一冶炼、浇筑的脱氧方法、不同炉号、同一牌号的A级钢或B级钢,允许组成混合批,但每批各炉号含碳量之差不得大于0.02%,含锰量之差不得大于0.15%。

4.2.3 锚固组件的材料和性能要求

1)锚固组件的材料

锚固组件使用热轧光圆钢筋HPB300和普通热轧钢筋HRB400。HPB300性能要求应符合现行《钢筋混凝土用钢 第1部分:热轧光圆钢筋》(GB 1499.1)的要求;HRB400应符合现行《钢筋混凝土用钢 第2部分:热轧带肋钢筋》(GB 1499.2)的要求。这两种钢筋牌号及化学成分应满足表4.9的要求。

锚固钢筋的化学成分要求　　　　　　　　　　　　　　表4.9

牌号	化学成分(质量分数)(%)(≤)				
	C	Si	Mn	P	S
HPB300	0.25	0.55	1.50	0.045	0.045
HRB400	0.25	0.80	1.60	0.045	0.045

HPB300和HRB400钢筋的力学和工艺性能应满足表4.10的要求。

锚固钢筋的力学与工艺性能要求　　　　　　　　　　表4.10

牌号	下屈服强度 R_{rl} (MPa)	拉伸强度 R_m (MPa)	断后伸长率 A (%)	最大力总延伸率 A_{gt} (%)	冷弯试验180°	
	≥				—	
HPB300	300	420	25.0	10.0	$a = d$	
HRB400	400	540	16	7.5	6~25a	4a
					28~40a	5a
					>40~50a	6a

伸缩量400mm及以下伸缩装置所采用的预埋钢筋直径不应小于16mm;伸缩量480mm及以上伸缩装置所采用的预埋钢筋直径不应小于20mm。

2)锚固钢筋的检验规则

HPB300、HRB400锚固钢筋应按批进行检查和验收。每批应由同一牌号、同一炉罐号、同一尺寸的钢筋组成。每批重量通常不大于60t,超过60t的部分,每增加40t(或不足40t的余数),增加一个拉伸试验试样和一个弯曲试验试样。允许由同一牌号、同一冶炼方法、同一浇筑方法的不同炉罐号组成混合批。各炉罐号含碳量之差不大于0.02%,含锰量之差不大于0.15%。混合批的重量不大于60t。

4.2.4 不锈钢板的材料和性能要求

1)不锈钢板的材料性能要求

单元式多向变位伸缩装置的不锈钢板材料采用奥氏体型不锈钢,牌号为O6Cr19Ni10[a],其材料性能要求应符合现行《不锈钢冷轧钢板和钢带》(GB/T 3280)的要求。

不锈钢板的牌号及化学成分应满足表4.11的要求。

不锈钢板的牌号及化学成分要求　　　　　表4.11

牌号	统一数字代号	化学成分(质量分数)(%)(不大于)				
		C	Si	Mn	P	S
06Crl9Ni10[a]	S30408	0.08	0.75	2.00	0.045	0.030

注:a 厚度不大于3mm时使用A_{50mm}试样。

不锈钢板的力学性能应满足表4.12的要求。

不锈钢板的力学性能要求　　　　　表4.12

牌号	统一数字代号	规定塑性延伸强度$R_{p0.2}$(MPa)	抗拉强度R_M(MPa)	断后伸长率[a] A(%)	硬度值		
					HBW	HRB	HV
		≥			≤		
06Crl9Ni10[a]	S30408	205	515	40	201	92	210

注:a 厚度不大于3mm时使用A_{50mm}试样。

2) 不锈钢板的检验规则

不锈钢板和钢带按照以下规则进行检验:

(1) 钢板和钢带的检验由供货方质量检验部门进行。

(2) 用作冷轧原料的钢板、钢带的力学性能仅在需方要求时方进行检验。

(3) 钢板和钢带应成批提交验收,每批由同一牌号、同一炉号、同一厚度和同一热处理制度的钢板和钢带组成。

4.2.5　锚固螺栓的材料和性能要求

1) 锚固螺栓的材料性能要求

锚固螺栓用于固定梳齿钢板,可以采用普通螺栓或高强度螺栓,普通螺栓应符合现行《普通螺纹　直径与螺距系列》(GB/T 193)的要求,高强度螺栓则应符合现行《钢结构用高强度大六角头螺栓》(GB/T 1228)、《金属材料　布氏硬度试验》(GB/T 231)的要求。单元式多向变位伸缩装置采用的安装锚固螺栓应采用不小于8.8级的热镀锌高强度螺栓,直径不小于20mm。

螺栓用合金结构钢的性能等级和材料要求如表4.13所示。

螺栓性能等级与对应材料要求　　　　　表4.13

类别	性能等级	材料	对应标准编号
螺栓	10.9S	20MnTiB	GB/T 3077
	8.8S	45	GB/T 699

两种合金钢牌号及化学成分应满足表4.14的要求。

合金钢牌号与化学成分要求　　　　　表 4.14

统一数字代号	牌号	化学成分(质量分数)(%)					
		C	Si	Mn	Cr	Ni	Cu
					不大于		
A74202	20MnTiB	0.17~0.24	0.17~0.37	1.30~1.60	—	—	—
U20452	45	0.42~0.50	0.17~0.37	0.50~0.80	0.25	0.30	0.25

两种螺栓的力学性能等级应满足表 4.15 的要求。

螺栓的力学性能等级　　　　　表 4.15

性能等级	抗拉强度 R_M(MPa)	规定非比例延伸强度 R_{eL}(MPa)	断后伸长率 A(%)	断后收缩率 Z(%)	冲击吸收功 KU_2(J)
10.9S	1040~1240	940	10	42	47
8.8S	830~1030	660	12	45	63

2)锚固螺栓的检验规则

锚固螺栓按照以下规则进行检验:

(1)出厂前检验按批进行。同一性能等级、材料、炉号、螺纹规格、长度(当螺栓长度≤100mm 时,长度相差≤15mm;螺纹长度>100mm 时,长度相差≤20mm,可视为同一长度)、机械加工、热处理工艺、表面处理工艺的螺栓为同批。同批高强度螺栓连接副最大数量为 3000 套。

(2)连接副扭矩系数的检验按批抽取 8 套,8 套连接副的扭矩系数平均值及标准偏差均应符合规定。

4.2.6　橡胶材料的性能要求

导水装置使用的物理机械性能应满足表 4.16 的要求,不得使用再生材料。

橡胶材料的物理机械性能　　　　　表 4.16

项目		氯丁橡胶(用于 -25~60℃地区)	天然橡胶(用于 -40~60℃地区)	三元乙丙橡胶(用于 -40~60℃地区)
硬度(IRHD)		55±5	55±5	55±5
拉伸强度(MPa)		≥10	≥10	≥10
扯断伸长率(%)		≥300	≥300	≥300
脆性温度(℃)		≤-40	≤-50	≤-60
恒定压缩永久变形(室温×24h)(%)		≤20	≤20	≤20
耐臭氧老化($25\sim50\times10^{-8}$)20%伸长(40℃×96h)		无龟裂	无龟裂	无龟裂
热空气老化试验(与未老化前数值相比发生最大变化)	试验条件(℃×h)	70℃×96h	70℃×96h	70℃×96h
	拉伸强度(%)	-15~+15	-15~+15	-10~+10
	扯断伸长率(%)	-25~+25	-25~+25	-20~+20
	硬度变化(IRHD)	0~+10	-5~+10	0~10

续上表

项目		氯丁橡胶(用于 −25~60℃地区)	天然橡胶(用于 −40~60℃地区)	三元乙丙橡胶(用于 −40~60℃地区)
耐盐水性(23℃×14d,浓度4%)	体积变化(%)	≤ +10	≤ +10	≤ +10
	硬度变化(IRHD)	≤ +10	≤ +10	≤ +10
耐油污性(1号标准油,23℃×168h)	体积变化(%)	−5~+10	< +45	< +45
	硬度变化(IRHD)	−10~+5	< −25	< −25

4.3 单元式多向变位伸缩装置的生产制造工艺

单元式多向变位伸缩装置由多个部件组成,各个部件有其加工要求,部件的制造与整体的装配也有一定的工艺流程,这些生产工艺是影响产品质量和生产效率的重要原因。因此,单元式多向变位伸缩装置的制造生产工艺有着严格的规定。

4.3.1 生产制造工艺流程

以梳齿板式为例,单元式多向变位梳齿板伸缩装置的生产制造工艺流程如图4.5所示。

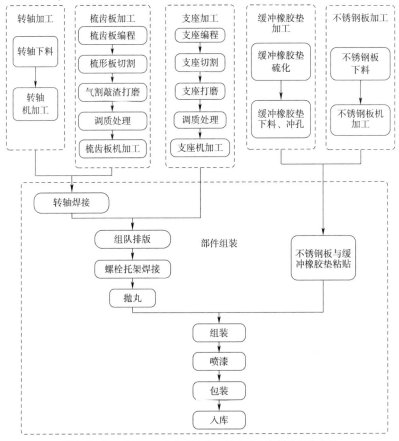

图4.5 单元式多向变位梳齿板伸缩装置的生产制造工艺流程

总体而言,生产流程可以分为部件生产流程和组装流程。首先是部件生产,单元式多向变位梳齿板伸缩装置的主要部件有5个,即梳齿板、转轴、支座、缓冲橡胶垫、不锈钢板,图4.5中规定了每个部件所对应的生产流程。然后是各部件的组装,主要步骤有:①梳齿板和转轴焊接为一体;②支座与梳齿板、转轴组队排版;③螺栓托架焊接;④梳齿板、支座、转轴抛丸;⑤不锈钢板与缓冲橡胶垫粘贴;⑥整体结构试组装;⑦喷漆;⑧包装;⑨入库。

4.3.2 单元式多向变位伸缩装置的尺寸偏差要求

单元式多向变位梳齿板桥梁伸缩装置中所用的梳齿钢板等钢构件应按设计图纸要求加工制造,其尺寸偏差应满足设计要求,具体如下。

1)平面度公差

梳齿板宜采用数控、自动、半自动精密切割下料,钢板厚度大于100mm时,宜采用串联组装成型,并用高强度连接销、保险销连接。梳齿板长度方向不允许拼接,沿长度方向的平面度允许偏差应不大于1.0mm/m,全长平面度允许偏差应不大于5.0mm/10m,扭曲应不大于1/1000。梳齿板切割下料如图4.6所示。

图4.6 梳齿板切割下料

2)未注公差尺寸的加工件

对于未注公差尺寸的钢构件加工件,其极限偏差应符合现行《一般公差 未注公差的线性和角度尺寸的公差》(GB/T 1804)中V级的规定,对应标准规定如表4.17~表4.19所示。

线性尺寸的极限偏差数值   表4.17

公差等级	基本尺寸分段(mm)							
	>0.5~3	>3~6	>6~30	>30~120	>120~400	>400~1000	>1000~2000	>2000~4000
f(精密级)	±0.05	±0.05	±0.1	±0.15	±0.2	±0.3	±0.5	—
m(中等级)	±0.1	±0.1	±0.2	±0.3	±0.5	±0.8	±1.2	±2
c(粗糙级)	±0.2	±0.3	±0.5	±0.8	±1.2	±2	±3	±4
v(最粗级)	—	±0.5	±1	±1.5	±2.5	±4	±6	±8

倒圆半径与倒角高度尺寸的极限偏差数值　　　　表4.18

公差等级	基本尺寸分段(mm)			
	0.5~3	>3~6	>6~30	>30
f(精密级)	±0.2	±0.5	±1	±2
m(中等级)				
c(粗糙级)	±0.4	±1	±2	±4
v(最粗级)				

注:倒圆半径与倒角高度的含义参见《零件倒圆与倒角》(GB 6403.4—2008)。

线性尺寸的极限偏差数值　　　　表4.19

公差等级	长度分段(mm)				
	~10	>10~50	>50~120	>120~400	>400
f(精密级)	±1°	±30′	±20′	±10′	±5′
m(中等级)					
c(粗糙级)	±1°30′	±1°	±30′	±15′	±10′
v(最粗级)	±3°	±2°	±1°	±30′	±20′

3)未注形状和位置的公差

对于未注形状和位置的钢构件加工件,其极限偏差应符合现行《形状和位置公差　未注公差值》(GB/T 1184)中L级的规定,对应标准规定如下。

(1)直线度和平面度。

表4.20给出了直线度和平面度的未注公差值。在表4.20中选择公差值时,对于直线度应按其相应线的长度选择;对于平面度应按其表面的较长一侧或圆表面的直径选择。

直线度和平面度的未注公差值　　　　表4.20

公差等级	基本长度范围(mm)					
	~10	>10~30	>30~100	>100~300	>300~1000	>1000~3000
H	0.02	0.05	0.1	0.2	0.3	0.4
K	0.05	0.1	0.2	0.4	0.6	0.8
L	0.1	0.2	0.4	0.8	1.2	1.6

(2)圆度。

圆度的未注公差值等于标准的直径公差值,但不能大于表4.23中的径向圆跳动值。

(3)圆柱度。

圆柱度的未注公差值不作规定。

(4)平行度。

平行度的未注公差值等于给出的尺寸公差值,或是直线度和平面度未注公差值中的相应公差值取较大者。应取两要素中的较长者作为基准,若两要素的长度相等则可选任一要素为基准。

(5)垂直度。

表4.21给出了垂直度的未注公差值。取形成直角的两边中较长的一边作为基准,较短的一边作为被测要素;若两边的长度相等则可取其中的任意一边作为基准。

垂直度未注公差值 表4.21

公差等级	基本长度范围(mm)			
	~100	>100~300	>300~1000	>1000~3000
H	0.2	0.3	0.4	0.5
K	0.4	0.6	0.8	1
L	0.6	1	1.5	2

(6)对称度。

表4.22给出了对称度的未注公差值。应取两要素中较长者作为基准,较短者作为被测要素;若两要素长度相等则可选任一要素为基准。对称度的未注公差值用于至少两个要素中的一个是中心平面,或两个要素的轴线相互垂直。

对称度未注公差值 表4.22

公差等级	基本长度范围(mm)			
	~100	>100~300	>300~1000	>1000~3000
H	0.5			
K	0.6		0.8	1
L	0.6	1	1.5	2

(7)同轴度。

同轴度的未注公差值未作规定。

(8)圆跳动。

表4.23给出了圆跳动(径向、端面和斜向)的未注公差值。对于圆跳动的未注公差值,应以设计或工艺给出的支承面作为基准,否则应取两要素中较长的一个作为基准;若两要素的长度相等则可选任一要素为基准。

圆跳动未注公差值 表4.23

公差等级	圆跳动公差值(mm)
H	0.1
K	0.2
L	0.5

4.3.3 单元式多向变位伸缩装置的外观质量

产品外观质量一般是指产品的造型、色调、光泽和图案等凭人的视觉和触觉感觉到的质量特性。产品外观质量设计,原则上应符合下列条件:①产品外观应符合不同的国家、民族、社会阶层、年龄、性别、文化程度的人们的审美观念,适应流行色、流行型和其他时尚。②产品外观应与产品内在性能相结合,整体结构合理、美观、大方。③机械产品应灵巧、适应用户安装、调试、操作、维修方便。但是,一种产品应该有其具体外观质量标准。同时,由于同一类型的用户对相同的产品外观质量要求不一样,同一种产品的外观质量对不同的用户适应程度也不一样,因此,产品的外观质量标准要根据具体产品的具体情况制定,不能搞一刀切,也不能僵化。

对于单元式多向变位伸缩装置,其外观质量应满足下面的要求:

(1)伸缩装置外观表面应平整洁净,表面不应有大于0.5mm的凹坑、麻点、裂纹、结疤、气泡、夹杂和机械损伤。

(2)钢板、梳齿板表面应清除长度大于0.5mm的毛刺。梳齿前部应设置与转角位移量适应的过渡坡。

(3)焊缝应均匀,不应有气孔、夹渣等缺陷。

(4)涂装表面应平整,不应有脱落、流痕、褶皱等现象。

(5)表面处理及防腐工艺。

为了满足使用功能,并具有足够的耐久性,伸缩装置还需要进行表面处理和防腐,具体要求如下:①伸缩装置上表面应设置防滑措施,其抗滑性能应符合现行《公路沥青路面设计规范》(JTG D50)的要求;②伸缩装置的涂装体系按所处环境类别、设计使用年限选用,涂装表面处理、涂装要求及涂层质量应符合现行《公路桥梁钢结构防腐涂装技术条件》(JT/T 722)的规定。

4.3.4 单元式多向变位伸缩装置的组装要求

(1)伸缩装置须在工厂进行试组装。

(2)伸缩装置待组装的部件,必须有工厂质检部门的合格标记,外购件或协作厂加工部件,应有合格证书方可进行组装,不合格构件不能进行装配。

(3)在组装过程中,所用的螺栓、螺钉、垫片、钢板等构件,必须清洁,不应有碰伤,螺栓、螺钉头部及螺母端面,应与被紧固零件的平面均匀接触,不能倾斜,也不能用锤敲来达到均匀接触的目的。

(4)凡待组装构件表面应平整、清洁,去除铁屑、毛刺、油污,除锈后均应进行有效防护处理。

(5)齿板不允许焊接,其他部位的加工中若采用焊接连接,则焊缝应采用气体(CO_2等)保护焊,焊缝高度应满足设计要求。梳齿钢板与转轴采用熔透角焊工艺,焊接等级为Ⅰ级,焊接要求应符合现行《气焊、焊条电弧焊、气体保护焊》(GB/T 985.1)和《工程机械焊接件通用技术条件》(JB/T 5943)的规定。焊缝不应出现裂纹、夹渣、未熔合、未填满弧坑,同时焊缝应避免太厚、错位和母材烧伤等缺陷。

伸缩装置生产中的焊接工艺如图4.7所示。

(6)伸缩装置装配公差应符合表4.24的要求。

图 4.7　伸缩装置生产中的焊接工艺

梳形板式伸缩装置装配公差(单位:mm)　　　　　表 4.24

序号	项目		80≤e≤720	800<e≤1440	1520<e≤2000	2080<e≤3000
1	伸缩范围内任一位置,同一断面处两边梳齿板高差		≤1.0	≤1.5	≤2.0	≤3.0
2	最大压缩量时	纵向间隙	≥30			
		横向间隙	≥2			
3	最大拉伸量时齿板搭接长度		≥30			

注:e 为伸缩量。

4.4　单元式多向变位伸缩装置的性能检测

4.4.1　整体性能试验

1)试件要求

(1)整体试件宜采用整体装配后的伸缩装置,按下列要求取样。

①竖向和水平转角性能要求小于 0.01rad 的伸缩装置,可取不小于两个完整单元且总长不小于 2m 的组装试样进行试验;

②竖向和水平转角性能在 0.01rad 及以上要求的伸缩装置,应进行不小于桥梁一幅宽度的整体组装试样进行试验。

(2)试件锚固系统应采用定位螺栓或其他有效方法,试验装置应模拟伸缩装置在公路桥梁的实际受力状态,并进行规定项目试验。

2)伸缩装置变形性能试验

伸缩装置变形性能试验应按《公路桥梁伸缩装置通用技术条件》(JT/T 327—2016)附录 B 的规定进行。

(1)试验条件。

试验标准温度23℃±5℃,且不应有腐蚀性气体及影响检测的震动源。

(2)试件。

构件试件应取足尺产品。整体试件宜采用整体装配后的伸缩装置,若受试验设备限制,不能对整体试件进行试验时,则梳齿板式伸缩装置的试件长度不小于4m或一个单元。试验前应将试件直接置于标准温度下,静置24h,使试件内外温度一致。

(3)试验方法。

试件布置示意如图4.8所示。试验台、固定台座和移动台座应具有足够的刚度,避免对试验结果产生不良的影响。

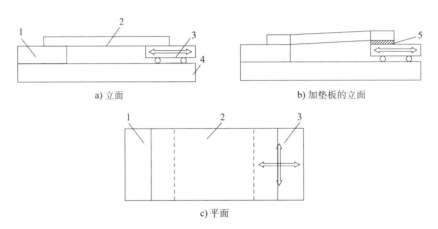

图4.8 变形性能试验试件布置示意图
1-固定台座;2-伸缩装置试件;3-移动台座;4-试验台;5-垫块

试验步骤如下:

①试验过程中,应采用不超过1mm/s的速度施加纵向位移。

②在横向错位和竖向错位为零的状态下,使伸缩装置完成一次最大闭合和最大开口;在横向错位取最大、竖向错位为零的状态下,使伸缩装置完成一次最大闭合和最大开口;在横向错位为零、竖向错位取最大的状态下,使伸缩装置完成一次最大闭合和最大开口;横向错位和竖向错位归零,使伸缩装置处于最大开口状态。

③以25%最大伸缩量为步长,每步变形完成后,静置5min,由最大开口变形至最大闭合,测量变形、变位和摩阻力。

④上一步骤重复进行3次,将测量结果的平均值与表2.2的要求进行比较,符合要求为合格。

⑤施加最大横向错位,以25%最大伸缩量为步长,每步变形完成后,静置5min,由最大开口变形至最大闭合,测量变形、变位和摩阻力。

⑥上一步骤重复进行3次,测量结果的平均值与本书表2.2的要求比较,符合要求为合格。

⑦横向错位归零、施加最大竖向错位,以25%最大伸缩量为步长,每步变形完成后,静置5min,由最大开口变形至最大闭合,测量变形、变位和摩阻力。

⑧上一步骤重复进行3次,将测量结果的平均值与表2.2的要求进行比较,符合要求为合格。单元式多向变位伸缩装置的整体性能试验平台如图4.9所示。

图4.9 单元式多向变位伸缩装置整体性能试验平台

3)伸缩装置防水性能试验

伸缩装置防水性能试验应按《公路桥梁伸缩装置通用技术条件》(JT/T 327—2016)附录C的规定进行。

(1)试验条件。

试验标准温度为23℃±5℃,且不应有腐蚀性气体及影响检测的震动源。

(2)试件。

构件试件应取足尺产品。宜采用整体装配后的伸缩装置,若受试验设备限制,不能进行整体试件试验时,则梳齿板式伸缩装置的试件长度不小于4m或一个单元。试验前应将试件直接置于标准温度下,静置24h,使试件内外温度一致。

(3)试验方法。

①使伸缩装置处于最大开口状态,并固定。

②对伸缩装置试样进行封头处理,封头应高出伸缩装置顶面30mm。

③使伸缩装置处于水平状态,注水,使水面高出伸缩装置顶面10mm,若24h后未出现渗水、漏水现象,则伸缩装置的防水性能符合要求。

4)伸缩装置承载性能试验

伸缩装置承载性能试验应按《公路桥梁伸缩装置通用技术条件》(JT/T 327—2016)附录D的规定进行。

(1)试验条件。

试验标准温度为23℃±5℃,且不应有腐蚀性气体及影响检测的震动源。

(2)试件。

构件试件应取足尺产品。宜采用整体装配后的伸缩装置,若受试验设备限制,不能进行整体试件试验时,则梳齿板式伸缩装置的试件长度不小于4m或一个单元。试验前应将试件直接置于标准温度下,静置24h,使试件内外温度一致。

(3)试验方法。

试件布置示意图如图4.10所示。试验台、固定台座和移动台座应具有足够的刚度,避免对试验结果产生不良影响。

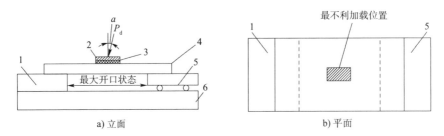

图 4.10 承载性能试验试件布置示意图
1-固定台座;2-钢加载板;3-橡胶板;4-伸缩装置试件;5-移动台座;6-试验台

试验步骤如下：

①在试验台上固定伸缩装置,移动台座,使伸缩装置处于最大开口状态并固定。

②使用钢加载板和橡胶板模拟轮载作用,加载板尺寸采用轮载的着地尺寸。

③模拟轮载的静力作用时,α 取 16.7°,以设计轮载 P_d 的 10% 为步长,以 1kN/s 的速度加载,每步加载完成后,静置 5min,测量伸缩装置的应力和竖向挠度。

④上一步骤重复进行 3 次,测量结构的平均值与伸缩装置极限状态的验算要求《公路桥梁伸缩装置通用技术条件》(JT/T 327—2016)附录 A 相比较,符合要求为合格。

模拟轮载的疲劳作用时,α 取 0°,以 $0 \sim P_d$ 为循环幅,施加 200 万次,测量伸缩装置的应力变化情况,并观察伸缩装置是否开裂,若未出现疲劳裂缝,伸缩装置的疲劳性能符合要求。

5) 焊接质量检测

单元式多向变位伸缩装置的焊接质量检测应按照《金属熔化焊焊接接头射线照相》(GB/T 3323)和《焊缝无损检测、超声检测技术、检测等级和评定》(GB/T 11345)规定的方法进行。必要时可以进一步用万能试验机进行焊接件的强度试验,如图 4.11 所示,焊接强度须高于构件强度。

图 4.11 焊接强度试验加载

4.4.2 原材料性能试验

1) 钢材性能试验

钢材性能试验应按表 4.25 的要求进行。

钢材性能试验要求　　　　　　　　　　　　　表 4.25

钢材类别	性能要求
梳齿钢板	符合现行《低合金高强度结构钢》(GB/T 1591)、《耐候结构钢》(GB/T 4171)的规定
其他钢板、圆钢、方钢、角钢	符合现行《热轧钢棒尺寸、外形、重量及允许偏差》(GB/T 702)、《热轧型钢》(GB/T 706)、《碳素结构钢和低合金结构钢热轧钢板和钢带》(GB/T 3274)的规定
锚固钢筋	符合现行《钢筋混凝土用钢　第1部分:热轧光圆钢筋》(GB 1499.1)或《钢筋混凝土用钢　第2部分:热轧带肋钢筋》(GB 1499.2)的规定
不锈钢板	符合现行《不锈钢冷轧钢板和钢带》(GB/T 3280)的规定
普通螺栓	符合现行《普通螺纹　直径与螺纹系列》(GB/T 193)的规定
高强度螺栓	符合现行《钢结构用高强度大六角头螺栓》(GB/T 1228)、《钢结构用高强度大六角头螺栓、大六角螺母、垫圈技术条件》(GB/T 1231)的规定

2)橡胶材料性能测定

导水装置使用的橡胶材料物理机械性能测定应按现行《公路桥梁板式橡胶支座技术标准(JT/T 4)规定的方法进行。橡胶的耐水性能、耐油性试验应按现行《硫化橡胶或热塑性橡胶　耐液体试验方法》(GB/T 1690)的规定进行。

4.4.3　尺寸偏差的测定

(1)尺寸偏差应采用标定的钢直尺、游标卡尺、平整度仪、水准仪等测量,每 2m 取其断面测量后,按平均值取用。

(2)活动梳齿钢板应逐个进行超声波检测,其探测方法和质量评级方法应符合《厚钢板超声检测方法》(GB/T 2970)的规定。

①检验时间。

原则上在钢板加工完毕后进行,也可在轧制后进行。

②检验面。

可以从钢板任一轧制面进行检验,被检验钢板的表面应平整,应清除影响检验的氧化皮、腐蚀、油污等。

③检验灵敏度。

按选定探伤仪的规定调节检验灵敏度,所用探伤仪的性能需符合现行《金属板材超声板波探伤方法》(GB/T 8651)或现行《A 型脉冲反射式超声探伤仪　通用技术条件》(JB/T 10061)的有关规定。

④探头扫查。

a.用压电探头时,探头沿垂直于钢板压延方向、间距不大于 100mm 的平行线进行扫查;在钢板周围 50mm 板厚大于 100mm 时,取板厚的一半及坡口预定线(由供需双方在合同或技术协议中确定具体位置)两侧各 25mm 内沿周边进行扫查。

b.用双晶片探头时,探头隔声层应与压延方向平行(垂直于压延方向扫查)。

c.根据合同或技术协议或图纸要求,也可进行其他形式的扫查或 100% 扫查。

d.自动检验也可沿平行于钢板压延方向扫查。

⑤检验速度。

检验速度应不影响探伤,但在使用不带自动报警功能的探伤装置进行扫查时,检验速度应不大于200mm/s。

⑥钢板的质量分级。

钢板的质量分级见表4.26。

钢板质量分级　　　　　　表4.26

级别	不允许存在的单个缺陷的指示长度(mm)	不允许存在的单个缺陷的指示面积(cm²)	在任意1m×1m检验面积内不允许存在的缺陷面积百分比(%)	以下单个缺陷指示面积不计(cm²)
Ⅰ	≥80	≥25	>3	<9
Ⅱ	≥100	≥50	>5	<15
Ⅲ	≥120	≥100	>10	<25
Ⅳ	≥150	≥100	>10	<25

4.4.4 外观质量的检测

1)外观质量检测方法

外观质量的检测一般采用目测、手感和具有相应精度的量具逐件进行检测。外观表面应平整洁净,无机械损伤,无毛刺。

2)尺寸量测方法

尺寸量测采用标定的钢直尺、游标卡尺、平整度仪、水准仪等量具,在量测时应取不少于2个模块组装件进行量测,并其平均值作为量测值。

3)表面抗滑性能

表面抗滑性能的检验按现行《公路路基路面现场测试规程》(JTG E60)中"摆式仪确定路面摩擦系数试验方法"(T 0964)的规定进行。

4)表面涂装质量

涂装体系按所处的环境类别、设计使用年限选用。涂装的表面处理、涂装要求及涂层质量应符合现行《公路桥梁钢结构防腐涂装技术条件》(JT/T 722)的要求,质量检验也按照该标准规定的方法进行。涂装表面应平整,不应有脱落、流痕、褶皱等现象。

4.5 单元式多向变位伸缩装置的整体性能测试实例

对于完成组装后的单元式多向变位伸缩装置,可以进一步进行整体性能测试,验证其在各种极端工作状态下的工作性能。以下为几种整体性能测试的实例。

1)桥梁伸缩装置的加速加载试验

2004年7月,LBZZ-2280特大型多向变位伸缩装置在北京交通部公路试验场进行了加速加载试验(Accelerated Pavement Test),如图4.12所示。试验过程模拟了载重汽车轮胎对多向变位伸缩装置的长期动力碾压作用,分析伸缩装置的工作性能。结果表明,该特大型多向变位伸缩装置完全能够承受桥梁上的车轮动力荷载作用,长期工作性能可靠,使用寿命达到 62 年以上。

图 4.12　单元式多向变位伸缩装置的车轮碾压加速加载试验(2004 年)

2)桥梁伸缩装置的转动性能试验

2007 年 7 月,进行了桥梁多向变位伸缩装置变位性能的实体模拟试验,如图 4.13 所示。试验结果表明:所检测的伸缩装置其水平转角可达到 ±0.06rad,竖向转角可达到 ±0.06rad,并可根据要求调整其转角性能。

图 4.13　单元式多向变位伸缩装置的转动性能试验(2007 年)

3)伸缩装置的全面性能试验

2012 年 11 月,在同济大学国家抗震试验检测中心进行了单元式多向变位桥梁伸缩装置实体模拟试验,如图 4.14 所示。检测主要内容包括三维运动性能试验、静载性能试验、动载性能试验、疲劳性能试验、减震减噪性能试验及实体行车试验。通过试验全面验证了单元式多向变位桥梁伸缩装置优越的三维变位运动性能、抗冲击、抗疲劳性能、抗震减噪性能。

4)大变位自适应多维耦合伸缩装置变位性能检测

2023 年 2 月,在国家道路和桥梁质量检验检测中心对 3120 型超大跨径缆索承重桥梁大变位自适应多维耦合伸缩装置变位性能进行了实体模拟试验检测,如图 4.15 所示。检测结果为:纵向总伸缩量为 3120mm(±1560mm),横向位移量为 ±100mm,实测最大水平转角为

±0.06rad,实测最大竖向转角为±0.06rad,固定端水平转角±0.01rad,当水平和竖向实测转角同时达到0.04rad的耦合转动条件下,伸缩装置的转角和纵向位移变位平顺。

图4.14 单元式多向变位伸缩装置的实体模拟试验(2012年)

图4.15 超大跨径缆索承重桥梁大变位自适应多维耦合伸缩装置的模拟检测(2023年)

第 5 章

单元式多向变位伸缩装置的安装与养护

单元式多向变位伸缩装置的安装是伸缩装置在工厂生产的延伸,其施工质量的好坏,将会直接影响日后行车的平稳性、舒适性、安全性以及桥梁的服务质量和使用年限,也决定了伸缩装置是否能够最大程度体现产品设计的目的。因此,必须按照伸缩装置安装施工工艺,对每一道工序进行严格控制。

5.1 单元式多向变位伸缩装置的安装

跨缝式单元式多向变位伸缩装置常规安装工艺流程如图 5.1 所示。
骑缝式单元式多向变位伸缩装置常规安装工艺流程如图 5.2 所示。
安装要根据施工设计图进行,并经技术负责人技术交底。整个施工过程包括:①施工准备;②画线与切割;③开槽打挖与清理;④托架的安装和焊接;⑤设置止水结构及模块;⑥浇筑混凝土、安装梳齿板及转角控制座;⑦混凝土养生;⑧拧紧螺母及灌注环氧树脂;⑨自检及监理工程师检验。
以下详细介绍上述安装流程中的主要环节。

5.1.1 施工前准备

施工前需要做好材料、人员、交通等准备工作。
(1)落实伸缩缝混凝土供应情况,提前报批混凝土配合比。
(2)提交伸缩装置安装施工的施工组织设计等资料,并根据桥梁建设单位的要求编排施工进度计划。
(3)安排施工队及机械设备进场。
(4)安排公司伸缩装置产品发货至工地。

5.1.2 人工与机械设备

伸缩装置施工所需的基本人工与机械设备如下。
(1)人工。
施工一个班组需配备班长 1 名,电焊工、机械工、泥工、普工若干名。

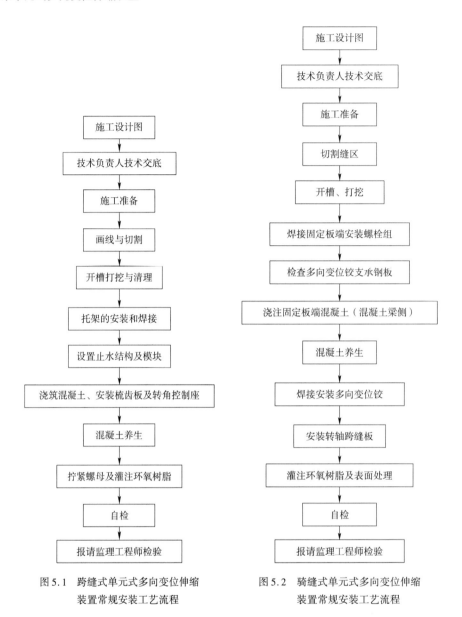

图 5.1　跨缝式单元式多向变位伸缩
装置常规安装工艺流程

图 5.2　骑缝式单元式多向变位伸缩
装置常规安装工艺流程

(2)施工设备及工具。

主要的施工机械设备及工具包括发电机、空气压缩机、风镐、混凝土搅拌机、插入式混凝土振捣机、电焊机、气割设备、路面切割机、磨光机、套筒(按照梳齿板的型号配备)、600kg磁铁(抬板用)、1.5m加力杆(直径3cm加厚钢管)、2m铝合金直尺、交通车辆。

5.1.3　现场安全维护

根据项目建设单位、施工单位、监理单位的要求,考虑项目现场施工条件的不同,安排现场安全维护工作,以确保施工区域的专业安全,避免出现安全事故。如遇特殊情况,需要在半幅施工、半幅通车的条件下进行半封闭施工,则必须严格按照安全操作规程,做好充分的安全维护措施,确保安全生产万无一失(图5.3)。

图5.3 半幅施工时的现场安全维护

5.1.4 跨缝式多向变位伸缩装置安装工艺

5.1.4.1 画线与切割

画线与切割(图5.4)用于确定安装伸缩装置的位置,其步骤如下。

(1)根据桥梁设计要求,在伸缩装置的安装预留槽区上准确标出缝区边沿位置,并画出缝区的切割线。

(2)如原有预埋槽尺寸小于图纸尺寸,应按图纸尺寸画线;如原有预埋槽尺寸大于图纸尺寸,应按原有预埋槽尺寸画线,并确认装置安装后两侧混凝土过渡段等宽。

(3)根据上述画线切割缝区,切割时应保证槽口顺直,直线度满足小于1.5mm/m。切割前,应用3m直尺检查沥青混凝土面层的平整度,要求平整度控制在1.5mm以内。如发现缝区边缘处沥青路面不平,应延伸至平整处画线切割。

(4)防止切割浆液污染路面,应用高压水枪进行边切割边冲洗,或者在切割前用宽幅胶带纸沿切割边线粘一层彩条布加土工布吸收浆液。

a) 画线

b) 切割

图5.4 画线与切割

5.1.4.2 打挖与清理

对切割以后的桥头路面进行打挖,以获得伸缩装置的安装空间。

(1)根据施工现场实际需要及现场的通车需要,设置封路标牌。

(2)根据切割的缝宽,打挖清理出槽口区内的沥青混凝土层及杂物。

(3)缝区底面混凝土凿毛,并把构造缝内的杂物清理干净,以确保未来灌入混凝土与梁体结合牢固。

(4)清理出的杂物堆放在离缝区边沿1m以外位置,下面用塑料布垫好,如现场施工条件允许,除桥梁两端头两条缝区的沥青块堆放在桥台一侧的路面作封路用,其他均可清除出施工现场。

(5)打挖时,风镐枪不得沿缝区边沿的切割线打挖,以防破坏缝区边沿沥青路面的平整度;不得破坏缝区以外的沥青路面,防止破角或抬起。

(6)用空气压缩机吹净(或高压水枪冲洗)槽区内的破碎混凝土及尘土,检查槽区长、宽、深等多处尺寸是否符合施工图要求。

(7)打挖清理后(图5.5),如发现梁端顶死、预埋钢筋不符合要求、梁体损坏等前期缺陷问题,应拍照存档,并及时上报监理工程师和业主,确定相关修复方案。

a) 打挖　　　　　　　　　　　　　b) 清理后

图5.5　打挖与清理

5.1.4.3 伸缩装置焊接安装

(1)整理预埋钢筋,使其平顺,并根据预埋钢筋尺寸确定伸缩装置的安装方案。

(2)安装螺栓组吊装就位,使其安装中心线与梁端预留间隙中心线对正,其长度与缝区的长度对正,直线度控制在1.5mm/m以内。

(3)若槽中无预埋筋或预埋钢筋位置不正确,则应种植钢筋进行加固,植筋的位置、规格、数量、锚固深度、抗拔力等均应满足设计要求,种植深度必须大于12cm。

(4)采用门式起重机等吊装设备,使安装螺栓组的上顶面与桥面高程一致,并根据拉线调整伸缩缝体的直线度。检查伸缩缝的间隙是否符合设计要求,如不符合,使用千斤顶、专用夹具、撬棒等工具调整至设计尺寸。上述工作无误后,将安装螺栓组与预埋钢筋点焊定位。安装螺栓组的螺栓上表面与路面高程误差在−2～−3mm范围内,使用铝合金直尺(长度大于缝区宽度60cm以上)每间隔1m进行检验。整体范围内不能有肉眼可见的弯曲。

(5)复检安装螺栓组直线度、上顶面的平面度及间隙尺寸等,一切符合要求后,将安装螺栓组的螺栓及连接钢筋与预埋钢筋焊接牢固,无法直接焊接时,使用7字筋和U形筋连接焊固。每根锚筋上至少有一个焊点,焊缝长度不能小于16cm(标准要求单面焊接长度应为钢筋直径的10倍),焊缝应均匀、饱满。在焊接过程中应避免焊条刮碰U形螺栓,以免烧伤螺纹。

(6)焊接连接钢筋、加强钢筋时,不得使其高出路面,须保留2.5cm以上的混凝土保护层。

(7)根据需要,在伸缩装置两侧混凝土过渡段处铺设直径为8mm的防裂网筋网,间距为100×100mm,网筋距路面的高差为30~40mm。

伸缩装置焊接安装如图5.6所示。

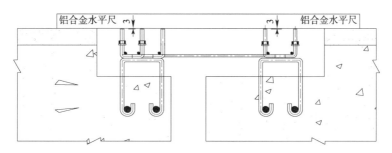

a) 焊接结构布置图

b) 现场焊接照片

图5.6 伸缩装置焊接安装(尺寸单位:mm)

5.1.4.4 模板支设及伸缩橡胶止水带安装

(1)根据要求支设模板。安装深度在25cm以下的,使用厚度大于8mm的组合板;安装深度在25cm以上的,使用厚度大于10mm的组合板;安装深度在40cm以上的,使用大于15mm厚的组合板。模板支在构造缝两侧角钢与梁端间,再用铁丝(标号一般为14号)把模板固定牢固。然后把模板间的缝隙用砂浆(或麻布料等填充物)填塞密实,保证混凝土浇筑过程中的强度和密实性。

（2）安装伸缩橡胶止水带,使用卡座将止水带装在托架中间角钢上,必须伸出防撞护栏外侧2cm。

（3）在焊接好的U形螺栓托架上,安装微调螺帽,小板每米两端各安装2个,大板侧8个支座螺栓均需安装。

（4）在微调螺帽上安装橡胶垫圈,调平橡胶垫螺圈,使其上表面至两侧路面高差满足后续梳齿钢板的安装厚度要求,小板侧为梳齿板加帆布不锈钢滑板的厚度,大板侧为梳齿板加帆布板厚度。

支设模板及伸缩橡胶止水带安装如图5.7所示。

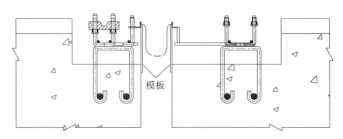

a) 模板与止水带结构安装布置图

b) 模板与止水带现场安装

图5.7 支设模板和伸缩橡胶止水带安装

5.1.4.5 混凝土浇筑及梳齿板安装

（1）浇筑混凝土之前,必须由专人复检模板是否牢固、是否有漏洞,以免混凝土振捣时发生胀模或漏浆现象,导致梁端顶死。

（2）将缝区两侧1m范围内的路面清扫干净,并用塑料薄膜或其他材料覆盖,防止浇筑混凝土时污染路面。

（3）混凝土原材料及搅拌必须按配合比试验报告要求的材质及数量进行,且严格控制水灰比和坍落度。

（4）钢纤维混凝土施工宜用搅拌机拌和,搅拌的投料次序和方法应以搅拌过程中钢纤维不产生结团和保证一定的生产率为原则。宜采用将钢纤维、水泥、粗细集料先干拌,而后加水湿拌的方法,干拌的时间不宜少于1.5min。每立方混凝土的钢纤维用量不小于78kg。

(5)钢纤维混凝土浇筑应保证钢纤维分布的均匀性和结构的连续性,在一个规定连续浇筑的区域内,浇筑施工过程不得中断,拌和料从搅拌机里卸出到浇筑完毕所需要的时间不宜超过30min,在浇筑过程中严禁因拌料干涩而加水。

(6)在缝区内喷洒适量水,先浇筑支座底部及梳齿板下的混凝土,混凝土沿两边槽区堆高,用插入式振捣棒严格按要求快插慢拔、均匀振捣。待混凝土完全振捣密实后,用收光抹子将混凝土上表面以微调垫圈上表面为基准刮平。

(7)在刮平的混凝土表面铺转角橡胶垫、缓冲垫和不锈钢滑板。

(8)按编号装配大小板,然后以两侧路面为基准,使梳齿板上表面与路面相平,大小板高出路面的高差为0~1mm。底面与混凝土或不锈钢滑板贴紧,全部安装好后,要重新检查一遍,对不符合要求的,立即进行返工处理。注意螺栓必须要一次性拧紧。

(9)轴转跨缝板吊装就位,通过螺栓将上压座安装定位,调整两梳齿板梳齿之间的间隙后,拧紧螺栓,必须用加力杆一次性拧紧。

(10)浇筑梳齿板两侧混凝土,用振捣棒以同样的方法把混凝土振捣密实,使混凝土表面和两侧路面及梳齿钢板面接平,然后用收光抹子分4~5次抹压平整、收面,凝前按需要用毛刷拉毛。

(11)沥青路面、混凝土锚固区表面、梳齿钢板表面在同一个平面上,误差必须控制在-2~0mm之间,否则进行返工处理。

(12)混凝土必须采用机械振捣,不得采用人工振捣。将竖起的钢纤维和位于表面的石子和钢纤维压下去,然后将表面滚压平整,待钢纤维混凝土表面无泌水时,用金属抹刀抹平,经修整的表面不得裸露钢纤维,也不应留有浮浆。

(13)待混凝土初凝后,用毛毡或稻草覆盖并按时洒水进行养生,确保覆盖物不得干燥。在养生期间要封闭交通,包括严禁行人进入,以防被人或车踩压后影响其平整度。

混凝土浇筑及梳齿板安装如图5.8所示。

5.1.4.6 混凝土养生

在伸缩装置安装施工过程中,混凝土浇筑后的养生尤为重要,一般采用洒水覆盖养生。在混凝土初凝后,用土工布等材料覆盖,洒水保持湿润,养生周期一般保持在7d以上。

5.1.4.7 固定螺母及灌注环氧树脂

(1)待混凝土强度达标后,用加力杆(长度≥1m)拧紧螺母,然后对螺母法兰盘缺口处用电焊进行堆焊,以防在使用过程中螺母松动。

(2)对于螺栓高出板面的情况,不得用氧气直接气割,必须要用磨光机磨平,以免烧坏板面防腐层。然后用环氧树脂灌满上部螺栓孔,必须将螺栓覆盖住,但不得高出板面,否则会影响行车舒适度。

(3)在灌注环氧树脂前,应采用空气压缩机清理出螺栓孔的杂物及焊渣,过程中不得将环氧树脂洒落到板面和路面处,造成污染。

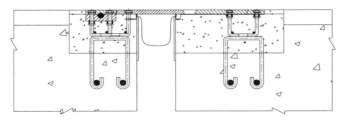

a) 浇筑混凝土及安装梳齿板结构图

b) 混凝土浇筑前

c) 浇筑混凝土

d) 安装梳齿板

图 5.8　混凝土浇筑及梳齿板安装

5.1.5　骑缝式多向变位桥梁伸缩装置的安装工艺

5.1.5.1　画线与切割

（1）根据桥梁设计要求，在伸缩装置的安装预留槽区混凝土梁一侧上准确标出缝区边沿位置，并画出缝区的切割线。

（2）画线时，如预埋槽尺寸小于图纸尺寸，应按图纸尺寸画线；如预埋槽尺寸大于图纸尺寸，应按预埋槽尺寸画线，并确认装置安装后两侧混凝土过渡段等宽。

（3）根据上述的切割线切割缝区，切割时应保证槽口顺直，直线度满足小于 1.5mm/m。切割前，应采用 3m 直尺检查沥青混凝土面层的平整度，要求平整度控制在 1.5mm 以内。如发现缝区边缘处沥青路面不平,应延伸至平整处画线切割。

(4)为防止切割浆液污染路面,应采用高压水枪边切割边冲洗,或在切割前用宽幅胶带纸沿切割边线粘一层彩条布加土工布吸收浆液。

5.1.5.2 打挖与清理

(1)根据施工需要及通车需求,设置封路标牌。

(2)根据切割的缝宽,打挖清理出槽口区内的沥青混凝土层及杂物。

(3)将缝区底面混凝土凿毛,并把构造缝内的杂物清理干净,以确保未来灌入混凝土与梁体结合牢固。

(4)清理出的杂物要堆放在离缝区边沿1m以外的位置,下面用塑料布垫好,如现场施工条件允许,除桥梁两端缝区的沥青块堆放在桥台一侧的路面作封路用,其余均可清除出施工现场。

(5)打挖时,风镐枪不得沿缝区边沿的切割线打挖,以防破坏缝区边沿的沥青路面的平整度;不得将缝区以外的沥青路面破坏(包括破角、抬起)。

(6)用空气压缩机吹净(或高压水枪冲洗)槽区内的破碎混凝土及尘土,检查槽区长、宽、深等多处尺寸是否符合施工图要求。

(7)打挖清理后,如发现梁端顶死、预埋钢筋不符合要求、梁体损坏等前期缺陷问题,应拍照存档,并及时上报监理工程师和业主,确定相关修复方案。

5.1.5.3 混凝土梁侧的伸缩装置焊接安装

(1)整理预埋钢筋,使其平顺,并根据实际尺寸确定伸缩缝体安装的详细方案。

(2)安装螺栓组吊装就位,使其安装中心线与梁端预留间隙中心线对正,其长度与缝区的长度对正,直线度控制在1.5mm/m以下。

(3)若槽中无预埋筋或钢筋位置不正确,则应增设种植钢筋进行加固,种植钢筋的位置、规格、数量、锚固深度、抗拔力等均应满足设计要求,种植深度必须大于12cm。

(4)采用门式起重机等吊装设备,使安装螺栓组的上顶面与桥面高程一致,并根据拉线调整伸缩缝体的直线度。检查伸缩缝的间隙是否符合设计要求,如不符合,使用千斤顶、专用夹具、撬棒等工具调整至设计尺寸。上述工作无误后,将安装螺栓组与预埋钢筋点焊定位。安装螺栓组的螺栓上表面与路面高程误差在-2~-3mm范围内,使用铝合金直尺(长度大于缝区宽度60cm以上)间隔1m进行检验。整体范围内不能有肉眼可见的弯曲。

(5)复检安装螺栓组直线度、上顶面的平面度及间隙尺寸等,一切符合要求后,将安装螺栓组的螺栓及连接钢筋与预埋钢筋焊接牢固。无法直接焊接时,使用7字筋和U形筋连接焊固。每根锚筋上至少有一个焊点,焊缝长度不小于16cm(单面焊接长度为10倍的钢筋直径)。焊缝应均匀、饱满,焊接过程中避免焊条刮碰U形螺栓而烧伤螺纹。

(6)焊接连接钢筋、加强钢筋时不得使其高出路面,须保留2.5cm以上的混凝土保护层。

(7)根据实际需要,在伸缩装置两侧混凝土过渡段处铺设直径为8mm的防裂钢筋网,间距为100mm×100mm,钢筋网距路面的高差为30~40mm。

(8)钢箱梁侧的伸缩装置支撑托架焊接安装。

根据图纸,在钢箱梁侧的端部焊接安接支撑肋板和托架,焊道应满足现行《焊缝无损检

测 超声检测 技术、检测等级和评定》(GB 11345)规定的超声波探伤Ⅰ级标准。
现场焊接安装如图5.9所示。

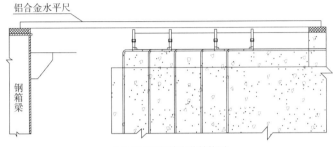

a) 伸缩装置焊接安装结构图

b) 锚固螺栓安装中

c) 锚固螺栓安装完成后

图5.9 现场焊接安装照片

5.1.5.4 模板支设及伸缩橡胶止水带安装

(1)根据要求支设模板。安装深度在25cm以下的,使用大于8mm厚的组合板;安装深度在25cm以上的,使用大于10mm厚的组合板;安装深度在40cm以上的,使用大于15mm厚的组合板。模板支在构造缝两侧角钢与梁端间,再用铁丝(铁丝标号一般为14号)把模板固定牢靠。然后把模板间的缝隙用砂浆(或麻布料等填充物)填塞密实,保证混凝土浇筑过程中的强度和密实性。

(2)在两侧梁端的伸缩装置下部通过止水带压板安装固定橡胶止水带导水结构。

(3)在焊接好的U形螺栓托架上,安装微调螺帽,小板每米两端各安装2个。

(4)在微调螺帽上安装橡胶垫圈,调平橡胶垫螺圈,使其上表面至两侧路面高差满足后续梳齿钢板的安装厚度要求,小板侧为梳齿板加帆布不锈钢滑板的厚度。

止水带及模板安装如图5.10所示。

5.1.5.5 混凝土浇筑及梳齿板安装

(1)浇筑混凝土之前,由专人复检模板是否牢固、有漏洞,以免混凝土振捣时发生胀模或漏浆现象,防止梁端顶死。

图 5.10　止水带及模板安装

（2）将缝区两侧 1m 范围内的路面清扫干净，并用塑料薄膜或其他材料覆盖，防止浇筑混凝土时污染路面。

（3）混凝土原材料及搅拌必须按配合比试验报告要求的材质及数量进行，且严格控制水灰比和坍落度。

（4）钢纤维混凝土施工宜用搅拌机拌和，搅拌的投料次序和方法应以搅拌过程中钢纤维不产生结团和保证一定的生产率为原则。宜优先将钢纤维、水泥、粗细集料先干拌而后加水湿拌的方法，干拌的时间不宜少于 1.5min。每立方混凝土的钢纤维用量不小于 78kg。

（5）钢纤维混凝土浇筑应保证钢纤维分布的均匀性和结构的连续性，在一个规定连续浇筑的区域内，浇筑施工过程不得中断，拌和料从搅拌机里卸出到浇筑完毕所需要的时间不宜超过 30min，在浇筑过程中严禁因拌料的干涩而加水。

（6）在缝区内喷洒适量水，先浇筑支座底部及梳齿板下的混凝土，混凝土沿两边槽区堆高，用插入式振捣棒严格按要求快插慢拔、均匀振捣。待混凝土完全振捣密实后，用收光抹子将混凝土上表面以微调垫圈上表面为基准刮平。

（7）在刮平的混凝土表面铺转角橡胶垫、缓冲垫和不锈钢滑板。

（8）按编号装配大小板，然后以两侧路面为基准，使梳齿板上表面与路面相平，大小板高出路面的高差为 0～1mm。底面与混凝土或不锈钢滑板贴紧，全部安装好后，要重新检查一遍，对不符合要求的，立即进行返工处理。注意螺栓必须一次性拧紧。

（9）组装好的轴转跨缝板吊装就位，通过螺栓将上压座安装定位，调整两梳齿板梳齿之间的间隙后，安装螺栓必须用加力杆一次性拧紧，钢箱梁的轴转跨缝板与底部托架及肋板焊接固定。

（10）浇筑梳齿板侧面混凝土，用振捣棒以同样的方法把混凝土振捣密实，使混凝土面和两侧路面及梳齿钢板面接平，然后用收光抹子分 4～5 次抹压平整，最后进行收面。在凝固前按需要用毛刷拉毛。

（11）混凝土表面与沥青路面和梳齿板面在同一平面内，误差必须控制在 -2～0mm 之间，否则进行返工处理。

（12）混凝土必须采用机械振捣，不得采用人工振捣。将竖起的钢纤维和位于表面的石子和钢纤维压下去，然后将表面滚压平整，待钢纤维混凝土表面无泌水时，用金属抹刀抹平，经修整的表面不得裸露钢纤维,也不应留有浮浆。

（13）待混凝土初凝后,用毛毯或稻草覆盖并按时洒水进行养生,确保覆盖物不得干燥。在养生期间要封闭交通,包括严禁行人进入,以防被人或车踩压后影响其平整度。

混凝土浇筑及梳齿板安装如图5.11所示。

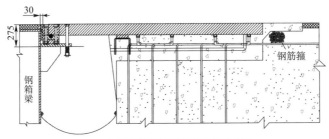

a) 浇筑混凝土及安装梳齿板结构图

b) 浇筑混凝土

c) 安装梳齿板

图5.11 混凝土浇筑及梳齿板安装(尺寸单位:mm)

5.1.5.6 混凝土养生

在伸缩装置安装施工过程中,混凝土浇筑后的养生尤为重要,一般采用洒水覆盖养生。在混凝土初凝后,用土工布等材料覆盖,洒水保持湿润,养生周期一般保持在7d以上。

5.1.5.7 固定螺母、灌入环氧树脂

（1）混凝土强度达标后,用加力杆拧紧螺母,然后对螺母法兰盘缺口处用电焊进行堆焊,以防在使用过程中螺母松动。

（2）对螺栓高出板面的情况,不得用氧气直接气割,必须要用磨光机磨平,以免烧坏板面防腐层。然后用环氧树脂灌满上部螺栓孔,必须将螺栓覆盖住,但不得高出板面,否则会影响行车舒适度。

（3）在灌注环氧树脂前,应采用空气压缩机清理出螺栓孔的杂物及焊渣。灌注时,不得将环氧树脂洒落到梳齿板面和路面上,造成污染。

5.1.6 无过渡混凝土型伸缩装置的施工工艺

采用无过渡混凝土型伸缩装置的安装施工工艺如下。

1)安装槽区打挖清理

(1)根据伸缩装置安装位置标定的尺寸切割、打挖预留槽,并清理干净。

(2)打挖时,不得损坏缝区边沿的沥青路面的平整度;不得将缝区以外的沥青路面破坏。

(3)清理槽区内的破碎混凝土及尘土,检查槽区长、宽、深等多处尺寸是否符合施工图要求。

(4)打挖清理后,如发现梁端顶死、预埋钢板不符合要求、没有预埋钢板、梁体损坏等前期缺陷问题,应拍照存档,并及时上报桥梁建设单位,确定相关修复方案。

2)伸缩装置两侧防撞挡板的焊接安装(图5.12)

根据现场伸缩槽口及桥面铺装厚度的实际尺寸,在槽口两侧焊接防撞挡板。防撞挡板与预埋钢板焊接固定,并间距200mm设置一道加强肋板。防撞挡板与桥面铺装之间的间隙应不大于5mm,安装后用环氧树脂填充。

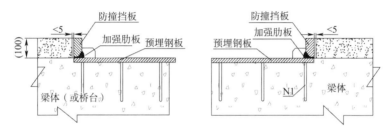

图5.12 伸缩装置防撞挡板焊接示意图(尺寸单位:mm)

3)伸缩装置焊接安装(图5.13)

(1)整理预埋钢板,使其平顺,并根据预埋钢板实际结构尺寸确定伸缩装置安装的详细方案。

(2)伸缩装置的安装螺栓组吊装就位,使其安装中心线与梁端预留间隙中心线对正,其长度与缝区的长度对正,直线度满足小于1.5mm/m。

(3)若槽中无预埋钢板或预埋钢板位置不正确,则应增设种植钢筋进行加固,种植钢筋的位置、规格、数量、锚固深度、抗拔力等均应满足设计要求。

(4)将安装螺栓组托架吊装就位与预埋钢板焊接定位。安装螺栓组的螺栓上表面与路面高程误差在-2~-3mm范围内,整体范围内不能有肉眼可见的弯曲。

(5)复检安装螺栓组直线度、上顶面的平面度及间隙尺寸等,一切符合要求后,将安装螺栓组的螺栓和多向变位铰下托座与预埋钢板焊接固定,无法直接焊接时使用连接钢筋或钢板连接焊固。焊缝应均匀、饱满。在焊接过程中应避免焊条刮碰U形螺栓,以免烧伤螺纹。

4)支设模板及安装伸缩橡胶止水带

(1)根据要求支设模板。模板支在构造缝两侧角钢与梁端间,然后使用相关柔性材料将把模板间的缝隙填塞密实,保证混凝土浇筑过程中的强度和密实性。

(2)安装伸缩橡胶止水带及导水管,将导水管接入桥面排水系统。

(3)在焊接好的U形螺栓托架上,安装微调螺帽。

(4)在微调螺母上安装橡胶垫圈,调平橡胶垫螺圈。

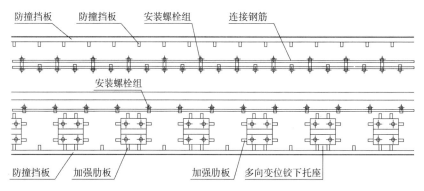

图 5.13 伸缩装置焊接安装示意图

5)浇筑填充材料和安装梳齿钢板

(1)在浇筑填充材料之前,必须由专人复检模板是否牢固,有无漏洞,以免振捣时发生胀模或漏浆现象。

(2)将缝区两侧 1m 范围内的路面清扫干净,并用塑料薄膜或其他材料覆盖,防止施工时污染路面。

(3)在槽区内先浇筑支座底部、两侧及梳型板下的改性聚氨酯高性能混凝土,上表面以微调垫圈上表面为基准刮平。

(4)在刮平的填充料表面铺转角橡胶垫、缓冲垫和不锈钢滑板。

(5)按编号装配梳齿钢板,然后以两侧路面为基准,使梳型板上表面与路面相平,与路面的高差为 0 ~ -2mm。

(6)跨缝板吊装就位,通过螺栓将上压座安装定位,调整两梳形板梳齿之间的间隙后,安装螺栓必须用加力杆一次性拧紧。

(7)待混凝土初凝后进行养生,在养生期间要封闭交通,以防车辆踩压后影响其平整度。

6)固定螺母、灌入环氧树脂

(1)待混凝土强度达到规定值后,用加力杆拧紧螺母,然后在螺母法兰盘缺口处用电焊进行堆焊。

(2)在灌注环氧树脂前,应采用空气压缩机清理出螺栓孔的杂物及焊渣,过程中不得将环氧树脂洒落到板面和路面处,造成污染。

5.1.7 连梁锚固防冲击梳齿伸缩装置的安装工艺

1)一般规定

(1)伸缩装置预留槽区应符合设计图要求,预埋钢板、锚固钢筋的位置应准确。

(2)伸缩装置的施工应符合现行《单元式多向变位梳形板桥梁伸缩装置》(JT/T 723)、《公路桥梁施工技术规范》(JTG/T 3650)、《公路工程施工安全技术规范》(JTG F90)的规定。

(3)伸缩装置安装前应熟悉设计文件和安装操作规程,检查、验收伸缩装置梳齿钢板的平面度、直线度。

(4)伸缩装置安装前应配齐施工所需的机械设备和材料等。

(5)安装过程中的焊接质量应符合现行《气焊、焊条电弧焊、气体保护焊和高能束焊的推荐坡口》(GB/T 985.1)的规定。焊缝应均匀、饱满,不应出现裂纹、夹渣、未熔合、未填满弧坑、错位和母材烧伤等缺陷。

2)预埋钢板要求

(1)预埋钢板宽度应按不同型号伸缩装置及安装方式确定,选用的钢材其强度应不低于Q235C钢材强度,厚度应不小于16mm,性能要求应符合现行《碳素结构钢和低合金结构钢热轧钢板和钢带》(GB/T 3274)的规定。

(2)剪力钉的直径应不小于16mm,长度应不小于100mm,其性能要求应符合现行《电弧螺柱焊用圆柱头焊钉》(GB/T 10433)的规定。

(3)预埋钢板与剪力钉采用熔态压力焊焊接,焊接性能应符合《电弧螺栓焊用圆柱头焊钉》(GB/T 10433—2002)中附录A的规定,剪力钉数量及抗拔力应符合现行《公路桥梁设计通用规范》(JTG D60)的规定。

3)伸缩装置施工安装工艺及要求

(1)伸缩装置施工安装流程宜按照图5.14的步骤进行。

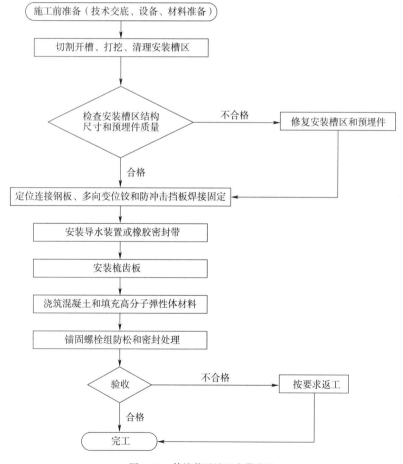

图5.14 伸缩装置施工安装流程

(2)切割开槽、打挖、清理安装槽区应符合下列规定:

①根据伸缩装置安装位置标定的尺寸切割、打挖安装槽区,并清理干净。

②打挖时,不得损坏缝区两侧沥青路面的平整度;不得破坏或污染缝区以外的沥青路面。

③清理槽区内的破碎混凝土及尘土,检查槽区长、宽、深等多处尺寸是否符合设计图要求。

④打挖清理后,如发现梁端顶死、预埋钢板不符合要求、没有预埋钢板、梁体损坏等前期缺陷问题,应拍照存档,并及时上报桥梁建设单位,确定相关修复方案。

⑤若安装槽区中无预埋钢板或预埋钢板位置不正确,则应增设预埋钢板,预埋钢板的位置、规格、数量、锚固深度、抗拔力等均应满足设计图的规定。

(3)定位连接钢板、多向变位铰或防冲击挡板的焊接应符合下列规定:

①根据实际的安装温度调整梳齿板之间的组装间隙,点焊连接钢板或多向变位铰。定位连接钢板或多向变位铰与预埋钢板焊接固接。

②按图纸点焊定位防冲击挡板,防冲击挡板上表面不应超过路面高度,并与连接钢板焊接。防冲击挡板与桥面铺装之间的间隙应不大于10mm,安装后浇筑混凝土。

(4)安装导水装置或橡胶密封带,按止水方式及实际安装的温度情况确定导水装置安装宽度并安装导水装置配件及模板。为保证模板刚度,模板应采用大于8mm厚的组合板。

(5)梳齿板安装应符合下列规定:

①根据现场安装槽区及桥面铺装厚度的实际尺寸,将梳齿板吊装就位。调整两梳齿板之间的间隙后,将其与连接钢板焊接固定。

②以两侧路面为基准,使梳齿板上表面与桥面相平,与桥面的高差为0～-2mm。全部安装好后,应重新检查一遍,对不符合要求的,立即进行返工处理。

(6)按设计图要求浇筑混凝土,在浇筑混凝土之前,对安装好的模板进行复检。用塑料薄膜或其他材料将槽区两侧覆盖,防止浇筑混凝土时污染路面。

(7)对于XCF(JCF)-Ⅱ型和JDCF型伸缩装置,需在梁端间隙填充高分子弹性体材料,填充高度应低于梳齿钢板面2～3mm。

(8)对于通过锚固螺栓组固定的伸缩装置,应对锚固螺栓组进行防松处理,并在螺母安装沉孔内填充环氧树脂或其他材料进行密封处理。

(9)伸缩装置安装检查项目应符合《公路工程质量检验评定标准 第一册 土建工程》(JTG F80/1)的规定。

(10)伸缩装置外观质量检查应无阻塞、渗漏、变形现象,不符合要求时应进行整修。

5.1.8 可调高型梳齿板桥梁伸缩装置的安装工艺

5.1.8.1 安装施工

1)第1阶段

在桥面沥青层铺装之前,进行第1阶段安装,将伸缩装置的锚固安装套筒与预埋钢筋焊接固定,并安装止水带结构,浇筑C50钢纤维混凝土,最后通过临时固定螺栓安装梳齿板结构。安装后,伸缩装置上表面至最终桥面高程之间预留40～60mm(也可根据项目需要调整)后期安装调高层,并在梳齿板表面设置一层防护层,防止后期桥面铺装过程中损坏或污染梳齿板板面(施工时间为5～7d,含混凝土养生时间)。

第1阶段安装结构示意图如图5.15所示。

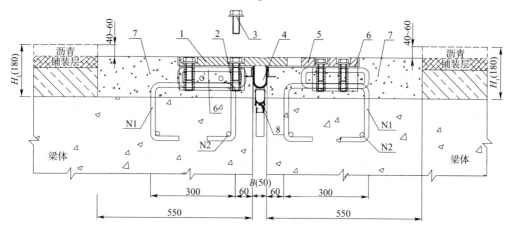

图5.15 第1阶段安装结构示意图(尺寸单位:mm)

1-跨缝梳齿板;2-锚固安装套筒;3-第1阶段安装螺栓;4-止水结构;5-固定梳齿钢板;6-连接钢筋;7-后浇C50钢纤维混凝土;8-封水端头及排水管

2)第2阶段

待桥面沥青层铺装之后,按伸缩装置安装宽度要求切割清理伸缩装置上部的桥面沥青铺装层,并拆除第1阶段安装的梳齿板结构。更换可调高双头螺杆,双头螺杆的高度根据桥面高度进行调整后并采用定位销固定。重新按桥面高程通过螺母安装梳齿板结构,并采用超高性能混凝土填充调高层。安装后,清理梳齿板上表面,并重新喷涂防腐油漆面层[施工时间为2~3d,含超高性能混凝土养生时间(12h)和油漆面层固化时间(12h)]。

第2阶段安装结构示意图如图5.16所示。

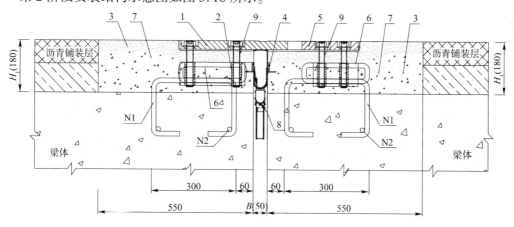

图5.16 第2阶段安装结构示意图(尺寸单位:mm)

1-跨缝梳齿板;2-锚固安装套筒;3-超高性能混凝土调高层;4-止水结构;5-固定梳齿钢板;6-连接钢筋;7-后浇C50钢纤维混凝土;8-封水端头及排水管;9-可调高双头安装螺杆;

5.1.8.2 伸缩装置安装

1)第1阶段

(1)在桥面沥青层铺装之前,修复整理预埋钢筋(图5.17),如有缺失采用种植钢筋进行补强。

图 5.17　预埋钢筋结构示意图

(2)将伸缩装置的锚固安装套筒与预埋钢筋焊接固定(图 5.18),并安装止水带结构。

图 5.18　锚固安装套筒与预埋钢筋焊接结构示意图

(3)浇筑 C50 钢纤维混凝土,最后通过临时固定螺栓安装梳齿板结构(图 5.19)。

图 5.19　安装梳齿板结构

(4)安装后在梳齿钢板表面设置一层防护层,防止后期桥面铺装过程中损坏或污染梳齿板板面。

2)第 2 阶段

(1)待桥面沥青层铺装之后,按伸缩装置安装宽度要求切割清理伸缩装置上部的桥面沥青铺装层,并拆除第 1 阶段安装的梳齿板结构(图 5.20)。

图 5.20　第 2 阶段清理安装槽区及拆除第 1 阶段梳齿板

(2)更换可调高双头螺杆,双头螺杆的高度根据桥面高度进行调整后并采用定位销固定(图 5.21)。

图 5.21　更换安装双头螺杆

(3)重新按桥面高程通过螺母安装梳齿板结构,并采用超高性能混凝土填充调高层(图 5.22)。

图 5.22　重新安装梳齿钢板和浇筑高性能混凝土

(4)对调高层高性能混凝土进行养生,同时进行锚固螺栓防松处理(图5.23)。

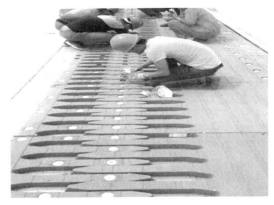

图5.23 螺栓防松处理和灌注环氧密封材料

(5)清理梳齿钢板上表面及周边垃圾,并开放交通(图5.24)。

图5.24 清理梳齿钢板上表面及周边垃圾

5.2 单元式多向变位伸缩装置的养护

因为桥梁伸缩装置常年处于车轮荷载的反复作用之下,且经受风雨等外部腐蚀的作用,所以在使用过程中容易出现病害状况。为了延长伸缩装置的使用寿命,防止造成更大的损失,对桥梁伸缩装置进行定期或不定期的检查,并根据其服役情况及时采取必要的养护措施是十分必要的。

5.2.1 伸缩装置正常使用的注意事项

为了确保单元式多向变位伸缩装置的正常使用,养护部门应注意以下事项:

(1)超限机动车辆、履带车、铁轮车等需经过桥梁伸缩装置的,在报相关管理部门审批后,采取相应技术措施方可通行,以防止伸缩装置发生超过设计标准的强度或刚度破坏。

(2)经常检查伸缩装置与桥面铺装连接处是否有损坏或裂缝、不锈钢滑板是否破损、安装螺栓是否松动,一经发现应及时修补,以免影响伸缩装置的使用寿命。

(3)伸缩装置为钢结构,在使用一定时期后可能出现锈蚀现象,一经发现应及时进行除锈、防锈处理。

(4)严禁酸、碱、油、有机溶剂等物喷洒到桥梁伸缩装置上,以防伸缩装置面层损坏或表面打滑。

(5)经常性巡查、记录伸缩装置的工作状况,尤其在发生地震或者出现恶劣的天气之后。

(6)建立伸缩装置日常巡查档案。

5.2.2　伸缩装置定期检查及维护项目

(1)定期(每季度)检查伸缩装置安装螺栓的使用状态。

采用目测和耳听方法进行检查,在伸缩装置边侧观察和倾听车辆通过伸缩装置时,装置的梳齿钢板及多向变位铰是否有异动或异响。如有异动或异响,应详细检查发生部位的安装螺栓组是否松动。

(2)定期(半年)检查伸缩装置各工作面的平整度。

采用目测方法进行检查,观测梳齿钢板是否有肉眼可见的变形或梳齿上翘等变形现象。

(3)定期(半年)检查伸缩装置梳齿间隙内垃圾情况。

采用目测方法进行检查,观测伸缩装置梳齿间隙内是否存在垃圾或堵塞现象。

(4)定期(一年)检查止水带、排水管使用情况。

采用目测方式进行检查,在桥梁下部或侧面观测伸缩装置止水带是否破漏或损伤,排水管是否被堵塞。

(5)定期(每月)检查伸缩装置两侧混凝土过渡段使用状况。

采用目测方式进行检查,观测伸缩装置两侧混凝土过渡段是否出现开裂或破损现象。

(6)定期(一年)检查伸缩装置钢件的防腐情况。

采用目测方式进行检查,观测伸缩装置上表面、梳齿侧面及跨缝钢板下部的防腐层是否出现损伤、脱落或生锈等损坏现象。

(7)在发生地震、台风等恶劣天气或其他特殊情况后,应重点观测伸缩装置的使用状况。

5.2.3　伸缩装置的专项检测

伸缩装置应进行定期的专项检测,建议桥梁建成5年后对大桥上的所有伸缩装置进行首次专项检测,以后每3~4年进行一次专项检测。专项检测也可结合桥梁结构的定期检测进行。对骑缝式、跨缝式多向变位伸缩装置的检测要求略有不同。

1)骑缝式伸缩装置的专项检测要求

对骑缝式单元式多向变位梳齿板桥梁伸缩装置进行专项检测时,主要检测以下参数:

(1)伸缩装置各配件及安装螺栓是否出现松动或损坏,多向变位与钢箱梁连接处的支撑平台的焊接是否出现开裂、腐蚀等严重损坏现象。

（2）伸缩装置跨缝板是否出现弯曲变形现象，并通过应力感应器检测车辆通过时梳齿板最不利处的应变是否超出装置材料的使用要求。

（3）伸缩装置止水结构是否出现破损现象或止水效果是否满足要求。

（4）伸缩装置两侧混凝土段是否出现开裂或破损现象。

（5）伸缩装置梳齿板之间的伸缩间隙数值（即齿顶至另一齿端之间的间距）是否满足检测时的伸缩要求，相邻的伸缩装置是否出现伸缩不均现象。

2）跨缝式伸缩装置的专项检测要求

对跨缝式单元式多向变位梳形板桥梁伸缩装置进行专项检测时，主要检测以下参数：

（1）伸缩装置各配件及安装螺栓是否出现松动或损坏。

（2）伸缩装置跨缝板是否出现弯曲变形现象，并通过应力感应器检测车辆通过时梳齿板最不利处的应变是否超出装置材料的使用要求。

（3）伸缩装置止水结构是否出现破损现象或止水效果是否满足要求。

（4）伸缩装置两侧混凝土段是否出现开裂或破损现象。

（5）伸缩装置梳齿板之间的伸缩间隙数值（即齿顶至另一齿端之间的间距）是否满足检测时的伸缩要求，相邻的伸缩装置是否出现伸缩不均现象。

5.3　伸缩装置维护与修复的施工方案

为保证伸缩装置的正常使用性能，需对伸缩装置进行定期或不定期的检查和维护，尤其在灾害性天气前后和夏季、冬季温差较大季节要加大检查频率，登记所检查项目的缺损类型，并对检查内容做好文字描述和影像资料留底工作。

5.3.1　施工准备工作

在施工现场根据要求设置交通安全标志，设备工具和用料应放在指定的地点或区域，所有施工人员进入施工现场时应穿戴安全服、安全帽，注意文明施工（图5.25、图5.26）。

图5.25　根据要求设置交通安全标志

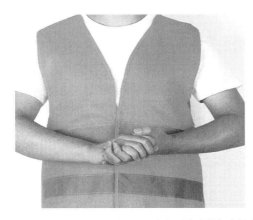

图 5.26　根据要求穿戴相应的安全服、帽等

5.3.2　维护与修复的施工方案

5.3.2.1　安装螺栓松动

1）损坏原因分析

经过车载长期冲击碾压及高频振动导致伸缩装置安装螺栓松动。检查时应仔细观察车辆通过伸缩装置冲击梳齿板时是否有异常的声音，各安装螺栓是否有松动（图 5.27）。

2）维护修复方案

（1）使用斩子等工具将已松动螺栓的安装孔内环氧树脂清理干净。

（2）使用火焰枪清理安装孔内的焊道，对已松动的螺栓重新拧紧，并在已拧紧的法兰螺母切边侧焊接固定后灌注环氧树脂。

（3）待环氧树脂材料干固后开放交通。

5.3.2.2　支座板、梳齿板脱离或折断

1）损坏原因分析

长期重载车辆的载荷冲击、车轮碾压、高频振捣，导致安装螺栓松动、螺母脱离后未能

图 5.27　安装螺栓检查

及时修复，最后支座板、梳齿板脱离或折断损坏，安装螺栓未出现折断或滑丝损坏。

2）维护修复方案

（1）根据损坏的伸缩装置型号，取出已损坏的支座板或梳齿板，在操作过程中注意不得损坏安装螺栓结构，并重新更换相应的支座板或梳齿板。

（2）更换前仔细检查安装螺栓是否损坏，并配相应的安装法兰螺母和环氧树脂材料。

（3）将相应的支座板或梳齿板安装在固定的位置后拧紧安装法兰螺母。

（4）采用焊接方式将已拧紧的法兰螺母切边侧焊接固定。

（5）将螺母安装孔内的垃圾清理干净后灌入环氧树脂材料。

（6）待环氧树脂材料干固后开放交通。

5.3.2.3 安装螺栓滑丝或折断

1)损坏原因分析

长期重载车辆的载荷冲击、车轮碾压、高频振捣,导致螺栓松动、螺母脱离后未能及时修复,最后导致安装螺栓滑丝或折断损坏。

2)维护修复方案

(1)如每块安装支座板和梳齿板上的安装螺栓仅出现少数(不超过总数量的30%)的损坏,修复时,先将其他已松动的螺栓按上述"安装螺栓松动"的修复方案进行修复,已损坏的螺栓采用堆焊的方法将螺杆直接与支座板或梳齿板焊接固定。

(2)如每块安装支座和梳齿板上的安装螺栓仅出现超过总数量的30%的损坏,修复时采取以下方案进行处理:

①将已松动损坏支座板和梳齿板的其他螺栓全部松开并取出相应支座板和梳齿板,在拆取时尽量不要损坏支座板和梳齿板。

②将损坏部位的安装螺栓组及底部混凝土全部打挖清理出,注意打挖拆除过程不得损坏原有预埋钢筋和两侧的伸缩装置。

③将新的安装螺栓组托架根据要求与原有预埋钢筋焊接固定。

④安装螺栓组托架焊接好后进行试安装相应的支座板或梳齿板,无误后在槽区内浇筑高强度混凝土,并更换相应不锈钢垫板等配件。

⑤在高强度混凝土凝之前安装支座板或梳齿板,拧紧安装螺母,并在已拧紧的法兰螺母切边侧焊接固定后灌注环氧树脂。

⑥及时对混凝土进行养生,待养生时间到后即开放通车。

5.3.2.4 止水带破漏、损伤与排水管被堵塞

1)损坏原因分析

局部与梁体紧贴不密实,出现渗漏现象;受外力作用导致止水带局部出现破裂损坏;垃圾堆积在排水口处或进入排水管内,长时间会出现堵塞现象。

2)维护修复方案

(1)局部与梁体紧贴不密实出现渗漏的,采用密封材料将渗漏重新封堵。

(2)受外力作用导致止水带局部出现破裂损坏的,根据破损严重状态,如局部小面积破裂,且裂口长度不大于5cm,可采用密封胶进行修补;如破裂损坏严重,需整体进行更换,骑缝式结构产品可直接将止水带两侧的安装螺栓松开后,拆除已破损的止水带,更换安装新的止水带。跨缝式结构产品,需将跨缝梳齿板分段取出,从上部更换已破损的止水带,更换后重新安装回跨缝梳齿板。

(3)排水管被堵塞的,首先将止水带上部及排水口周边的垃圾清理干净。然后将排水管从接头处拆开,将水管内的垃圾清理干净,再重新接回接头处。

5.3.2.5 过渡段混凝土局部破损

1)损坏原因分析

长期重载车辆的载荷冲击、车轮碾压、高频振捣,导致局部混凝土破损。检查时主要查看伸缩装置两侧混凝土过渡段是否开裂及破碎(图5.28)。

2)维护修复方案

(1)根据混凝土损坏情况,将已损坏的混凝土打挖清除出缝区,清除面积最好大于已损

坏部分两侧各10cm。

(2)检查清理出部分伸缩装置的焊接牢固度,根据需要重新焊接固定伸缩装置。

(3)将清理出的区域使用快速高强度混凝土进行修复回填,并及时养生,养生时间到后即开放通车。

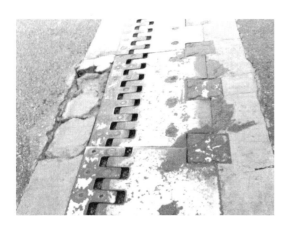

图 5.28　过渡段混凝土破损

5.3.2.6　伸缩装置上表面、梳齿侧面及跨缝梳齿板下部的防腐层出现损坏

1)损坏原因分析

长期车辆的冲击、磨损导致防腐层出现开裂、脱落,并出现锈蚀现象。

2)维护修复方案

根据防腐层损伤及锈蚀程度,结合实际需求,将防腐层损伤部位及周边不小于2cm范围的防腐层及锈蚀清理干净,重新涂刷表面防腐层。

5.4　伸缩装置使用状态评估表

为便于对桥梁伸缩装置的运营情况进行客观的评估,可以建立伸缩装置各部件的使用状态评估表。

5.4.1　止水带使用状态评估

对于伸缩装置常用的止水带,其使用状态评估如表5.1所示。

止水带使用状态评估　　表5.1

序号	技术状态	止水带漏水情况
1	健全(Good)	无
2	基本健全(Fair)	出现局部渗水,没有滴漏
3	劣化(Poor)	出现多处滴漏,止水带未破损
4	劣化严重(Severe)	出现严重漏水,止水带破损

5.4.2 混凝土过渡段使用状态评估

对于伸缩装置两侧的混凝土过渡段,其使用状态评估如表 5.2 所示。

混凝土过渡段使用状态评估　　　　表 5.2

序号	技术状态	两侧混凝土损坏	
		定性描述	定量描述
1	健全(Good)	混凝土过渡段完好	—
2	基本健全(Fair)	混凝土过渡段出现少量裂纹	裂纹宽度≤3mm
3	劣化(Poor)	混凝土过渡段破裂	4mm<裂纹宽度≤10mm
4	劣化严重(Severe)	混凝土过渡段破裂	10mm<裂纹宽度或破裂

5.4.3 安装螺栓使用状态评估

对于伸缩装置用于锚固的安装螺栓,其使用状态评估如表 5.3 所示。

安装螺栓使用状态评估　　　　表 5.3

序号	技术状态	安装螺栓松动	
		定性描述	定量描述
1	健全(Good)	螺栓完好	—
2	基本健全(Fair)	连接螺栓出现松动,环氧树脂出现破损	每单元块不超出2个松动
3	劣化(Poor)	两侧混凝土过渡段出现少量破损或连接螺栓个别松动	每单元块出现3~5个螺栓松动
4	劣化严重(Severe)	连接螺栓松动或脱落,支撑平台焊道出现裂纹	每单元块出现1个以上螺栓脱落

5.4.4 梳齿板使用状态评估

对于伸缩装置梳齿板,其使用状态评估如表 5.4 所示。

梳齿板使用状态评估　　　　表 5.4

序号	技术状态	梳齿钢板变形	
		定性描述	定量描述
1	健全(Good)	正常	—
2	基本健全(Fair)	伸缩装置梳齿变形	梳齿变形≤2mm/m
3	劣化(Poor)	伸缩装置梳齿变形	2mm/m<梳齿变形≤5mm/m
4	劣化严重(Severe)	伸缩装置梳齿拆断或梳板及压块等配件脱落	—

5.4.5　多向变位铰使用状态评估

对于伸缩装置的多向变位铰,其使用状态评估如表5.5所示。

多向变位铰使用状态评估　　表5.5

序号	技术状态	多向变位铰工作性能
1	健全(Good)	完全正常
2	基本健全(Fair)	装置变形性能正常,各配件之间摩阻力增大
3	劣化(Poor)	装置变形性能正常,但各配件之间变形不顺畅
4	劣化严重(Severe)	局部变形结构出现卡死现象

第 6 章
单元式多向变位伸缩装置的工程应用

单元式多向变位伸缩装置具有模块化的结构特征、出色的多向变位能力、突出的高强度和抗疲劳性能,故在大量世界著名的桥梁与建筑工程中得到了广泛应用。在这些应用过程中,单元式多向变位伸缩装置又根据相关工程的特殊要求,进行了针对性的改进与创新,确保其能够满足这些重大桥梁、地标性建筑的长期安全服役要求。

6.1 杭州湾跨海大桥

6.1.1 工程概况

杭州湾跨海大桥(图6.1)是中国浙江省境内连接嘉兴市和宁波市的跨海大桥,位于杭州湾海域之上,是沈阳—海口高速公路(国家高速公路G15)组成部分之一,也是浙江省东北部的城市快速路重要构成部分。

杭州湾跨海大桥北起嘉兴市平湖立交,上跨杭州湾海域,南至宁波市庵东枢纽立交;线路全长36km,桥梁总长35.7km,桥面为双向六车道高速公路,设计速度100km/h。杭州湾跨海大桥总体平面为S形曲线,由北航道桥、南航道桥、引桥及海中平台组成;南北航道的通航孔桥处各呈一拱形,具有起伏跌宕的立面形状。

杭州湾跨海大桥于2003年6月8日奠基建设,2007年6月26日完成工程合龙、全线贯通,2008年5月1日正式通车运营,是当时世界上最长的跨海大桥,曾获2011年中国国家科技进步二等奖。

图6.1 杭州湾跨海大桥

6.1.2 伸缩装置应用情况

杭州湾跨海大桥的北航道桥采用钻石形双塔双索面钢箱梁斜拉桥、五跨连续[(70+160+448+160+70)m]的跨径布置;南航道桥采用A形独塔双索面钢箱梁斜拉桥、三跨连续[(100+160+318)m]的跨径布置。南、北航道桥均采用了骑缝式多向变位伸缩装置,图6.2所示为北航道桥采用的1120型骑缝式多向变位桥梁伸缩装置。

图6.2 1120型骑缝式多向变位桥梁伸缩装置

杭州湾跨海大桥水中区、滩涂区、陆地区的引桥采用了整孔预制吊装的连续箱梁结构,其梁端伸缩装置均采用了跨缝式多向变位伸缩装置,图6.3所示为引桥上使用的三种不同伸缩量的伸缩装置。

a) 160型　　　　　　　　　b) 240型　　　　　　　　　c) 320型

图6.3 跨缝式多向变位桥梁伸缩装置

在杭州湾跨海大桥上,全桥伸缩装置达235套,均采用了RB系列单元式多向变位梳形板桥梁伸缩装置。相比大桥建设初期的国外厂商报价1.5亿元人民币,实际造价仅7000万元人民币,节约建设投资超过50%。迄今为止,大桥已投入使用13年,绝大多数伸缩装置工作处于正常保养的良好工作状态之中。

6.2 港珠澳大桥

6.2.1 工程概况

港珠澳大桥(图6.4)是中国境内一座连接香港、广东珠海和澳门的桥隧工程,位于中国广东省珠江口伶仃洋海域内,为珠江三角洲地区环线高速公路南环段。港珠澳大桥东起香港国际机场附近的香港口岸人工岛,向西横跨南海伶仃洋水域接珠海和澳门人工岛,止于珠海洪湾立交;桥隧全长约55km,其中主桥29.6km、香港口岸至珠澳口岸41.6km;桥面为双向六车道高速公路,设计速度100km/h;工程项目总投资额1269亿元。港珠澳大桥因其超大的建筑规模、空前的施工难度和顶尖的建造技术而闻名世界,是目前世界上最长的跨海大桥。

图6.4 港珠澳大桥

港珠澳大桥于2009年12月15日动工建设,2017年7月7日实现主体工程全线贯通,2018年2月6日完成主体工程验收,同年10月24日开通运营。

6.2.2 伸缩装置应用情况

港珠澳大桥主体工程中除青州航道桥主桥2道伸缩装置外,全桥共83道桥梁伸缩装置,均采用宁波路宝科技实业集团有限公司专利产品——单元式多向变位桥梁伸缩装置。

工程中所涉及单元式多向变位桥梁伸缩装置型号包含80、120、160、320、480、560和720共7种规格,梁体结构多样、安装界面复杂。桥梁结构有双塔单索面钢混组合梁斜拉桥、中央单索面三塔钢箱梁斜拉桥、等截面钢箱连续梁桥、连续混凝土梁桥、85m组合梁桥;安装界面有混-混结构、混-钢结构、钢-钢结构和组合-混结构(图6.5)。

a) RBKF-720型伸缩装置产品

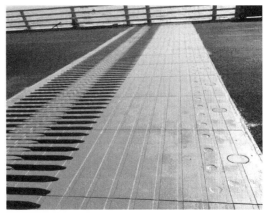
b) RBKF-560型伸缩装置产品

c) RBKF-480型伸缩装置产品

d) RBKF-320型伸缩装置产品

e) RBKF-160型伸缩装置产品

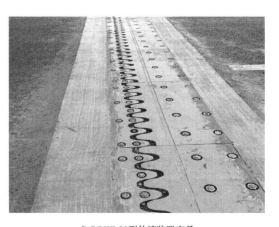
f) RBKF-80型伸缩装置产品

图6.5 港珠澳大桥单元式多向变位桥梁伸缩装置使用

6.3 嘉绍大桥

6.3.1 工程概况

嘉绍大桥(图6.6)是中国浙江省境内连接嘉兴市海宁市与绍兴市上虞区的过江通道,位于中国浙江省杭州湾海域内,是常台高速公路(国家高速公路G1522)的组成部分。嘉绍大桥南起沽渚枢纽,跨越杭州湾,北至南湖枢纽,全长10.14km;桥面为双向八车道高速公路,设计速度为100km/h;项目投资额62.8亿元人民币。嘉绍大桥是第一次在世界三大强涌潮河口(中国钱塘江、巴西亚马孙河、印度恒河)之一的钱塘江入海口建设的一座世界级桥梁。嘉绍大桥主航道桥采用九跨连续[(70+200+5×428+200+70=2680)m]斜拉钢箱梁桥,并创造性地在跨中设置释放主梁纵向线位移的刚性铰装置,为世界首创。主航道桥钢箱梁总量8万t、374个节段,最大单体重达374t。由于涨、落潮时流速过大,低潮位时水深不足,只能利用高平潮的时机进行作业,有效作业时间仅1h左右,要完成从船舶定位到钢箱梁起吊等10多道工序,难度极大。嘉绍大桥获得了中国公路学会科学技术奖特等奖、国际路联杰出工程设计大奖。

图6.6 嘉绍大桥

嘉绍大桥于2008年12月14日动工兴建,2013年2月3日全桥合龙贯通,2013年7月19日通车运营。

6.3.2 伸缩装置应用情况

大桥主桥两侧与引桥对接处各采用了1道RBQFG-960型单元式多向变位桥梁伸缩装置,主桥跨中部位(刚性铰结构)采用了1道RBQFG-1360型单元式多向变位桥梁伸缩装置,南、北引桥分别采用了RBKF-320型、RBKF-240型和RBKF-160型单元式多向变位桥梁伸缩装置,合计988.0m。

6.3.3 刚性铰结构及对伸缩装置的结构、性能要求

嘉绍大桥是跨越钱塘江河口段的一座特大型桥梁。为防止主航道摆动对通航影响,嘉绍大桥创造性地设置5个主通航孔,以适应河床的频繁摆动,但这也造成主航道钢箱梁桥的

跨径达到创纪录的2680m。超长主梁导致全桥的温度变形问题突出,对于结构整体的受力合理性和结构安全性至关重要。为有效解决这个问题,在设计时采用了在中塔之间的主梁跨中位置设置刚性铰构造的方式,刚性铰处设置伸缩装置,如图6.7所示。

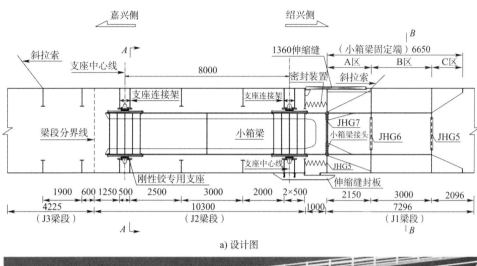

a) 设计图

b) 内部构造图

图6.7 嘉绍大桥主航道桥主梁跨中的刚性铰构造(尺寸单位:mm)

由于刚性铰结构的特殊性,要求刚性铰伸缩装置与传统伸缩装置的性能也不同。主要有以下特点:

(1)连接构件的制作和性能特殊。传统伸缩装置两侧主梁或者一侧主梁为混凝土结构,混凝土结构可塑性大,可为伸缩装置预留较大构造空间。而刚性铰伸缩装置的构造深度不得超过200mm,也不能设预埋钢筋,连接部件尺寸非常有限,连接方法及其局限,所以对各构件的制作和性能提出了更高的要求。

(2)伸缩装置变形形态更加复杂。传统伸缩装置通常位于过渡墩位置,两侧主梁均设有支座,支座下方是桥墩,如图6.8所示,因此伸缩装置仅发生转角和纵向变形。而刚性铰伸缩装置位于全桥跨中位置,下方不设桥墩,底部没有直接支撑结构,因此伸缩装置除了需要适应两侧主梁之间的纵向变形外,还需要适应由于梁端弹性变形引起的其他方向的变形,同时装置受力更为复杂多变。

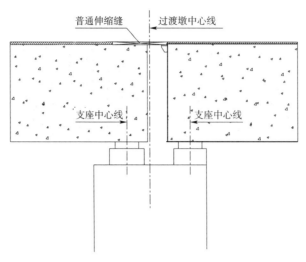

图 6.8 传统伸缩装置示意图

(3)振动及噪声问题突出。传统伸缩装置构造直接安装在混凝土梁或有安装空间的钢梁上,其连接部件的边界条件较为牢固,而刚性铰伸缩装置安装在薄钢板上,在车轮冲击荷载作用下,会产生比混凝土梁更为不利的局部变形。同时由于钢板的固有阻尼小,在车轮反复冲击荷载作用下,更容易发生局部振动,而影响桥面行车的平稳性以及伸缩装置的使用寿命。另外,钢板振动产生的噪声,经过钢箱梁的共鸣作用进一步放大,也严重影响了环境和行车舒适性。

为提高大桥伸缩装置的使用性能,确保桥梁结构的安全,提供平整、舒适的桥(路)面环境,让车辆快速、平稳地通过刚性铰伸缩装置区域,进行了专门的研制开发和试验验证工作。

6.3.4 刚性铰伸缩装置研制开发的主要技术参数

(1)根据刚性铰伸缩装置的有关技术要求,对伸缩装置进行研制开发,刚性铰伸缩装置主要技术参数如表6.1所示。

刚性铰伸缩装置主要技术参数   表6.1

位置	伸缩量	竖向转角	横向转角	剪切变形	其他
刚性铰	1360mm	0.02rad	0.01rad	±5mm	设置高阻尼消能减振构造

(2)刚性铰伸缩装置一侧的要求安装深度为不大于200mm,在设计研发时需对装置结构进行优化,以满足安装深度的要求。

(3)刚性铰伸缩装置安装在桥梁的跨中部位,车辆通过时伸缩装置两侧的梁体之间会产生剪切变形。原有的伸缩装置均未考虑桥梁剪切变形的要求,在进行设计研发时需重点考虑装置适应剪切变形的性能。

(4)与刚性铰伸缩装置的两端连接的大箱梁梁端均为钢结构,为控制伸缩装置振动,应设置高阻尼减振消能构造。

（5）由于本桥钢结构特点，伸缩装置转动构造只能安装在钢箱梁一侧，而左右幅主梁行车方向相反，对于无法顺着行车方向安装的伸缩装置，应进行专门的构造设计，限制梳齿板的上翘变形，确保行车安全。具体要求：在伸缩装置最不利工况下，伸缩装置构造不平顺值（构造突起）小于10mm。其中最不利工况指最不利变形状态＋最不利轮载作用。

（6）为确保刚性铰结构的耐久性能，伸缩装置顺桥向与桥面铺装交界处应进行可靠并耐久的防水处理，在伸缩装置下应结合主体构造设计隔水槽，同时在伸缩装置两端应设计具有路缘石构造，防止雨水及杂物进入主梁内部。刚性铰处1360型多向变位桥梁伸缩装置安装截面图如图6.9所示。

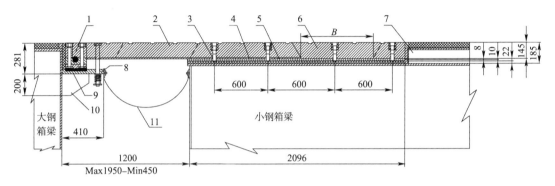

图6.9 刚性铰处1360型多向变位桥梁伸缩装置安装截面图（尺寸单位：mm）
1-多向变位铰；2-跨缝梳齿板；3-不锈钢滑板；4-高阻尼减振垫；5-弹性混凝土；6-固定梳齿板；7-安装螺栓组；8-支撑托板；9-消能减振支座；10-加强肋板；11-排水装置

6.3.5 刚性铰伸缩装置的试验验证

为验证刚性铰伸缩装置的设计合理性和可靠性，委托同济大学土木工程防灾国家重点实验室对伸缩装置进行了运动性能试验、静力荷载试验，对研发的刚性铰伸缩装置进行型式检测。通过动力荷载试验、实车过缝试验对减振性能和抗冲击性能、连接部件的抗多次冲击性能、车辆平顺性和冲击噪声进行检测，为嘉绍大桥主桥刚性铰伸缩装置及其连接部件的设计、计算提供了可靠的科学依据和必要的设计建议。

（1）刚性铰伸缩装置的试验工作包括以下内容：

①运动性能试验：通过运动性能试验检验伸缩装置的拉压、竖向转角、横向转角、剪切变形能力。要求在运动范围内伸缩缝不得损坏，结构的支撑部分不出现过大的反力或应变，结构不得发生过大的竖向变形导致行车不平顺。

②动力荷载试验：通过动力荷载试验检验刚性铰伸缩装置消能减振支座的减振性能和抗冲击性能、刚性铰伸缩装置与钢箱梁的连接部件的抗多次冲击性能。要求消能减振支座具有较好的减振性能和抗冲击性能，阻尼耗能能力较大，不得损坏；要求刚性铰伸缩装置与钢箱梁的连接部件具有较好的抗多次冲击性能，在多次动力冲击荷载作用下不得损坏。

③静力荷载试验：通过静力荷载试验检验梳齿板、各支撑钢板，以及刚性铰伸缩装置与钢箱梁的连接部件的强度。要求在最不利工况下，在竖向和水平向荷载作用下，伸缩缝不得损坏，结构不得发生过大的竖向变形导致行车不平顺。

④实车跑车过缝试验:通过实车的跑车过缝试验对伸缩装置的减振性能、抗冲击性能进行检验,并测试车辆平顺性和冲击噪声。要求在最不利工况下,消能减振支座具有较好的减振性能和抗冲击性能,阻尼较大,不得损坏;车辆可以平顺过缝,冲击噪声较小,满足规范要求。

(2)试验验证结果。

通过对嘉绍大桥主桥刚性铰伸缩装置进行的运动性能试验、静力荷载试验、动力荷载试验、实车跑行试验,得到以下结论:

①通过伸缩装置拉伸、压缩试验,装置伸缩量为±680mm,满足项目设计要求。

②通过伸缩装置拉伸、压缩试验,单个伸缩缝单元的最大水平摩阻力为4.65kN/m,满足《单元式多向变位梳形板桥梁伸缩装置》(JT/T 723—2008)中最大水平摩阻力小于或等于5kN/m 的要求。

③通过伸缩装置横向转角试验,装置水平转角量为±0.02rad,转角偏差为0.002rad,满足交通行业标准(JT/T 723—2008)中水平向容许转角偏差小于或等于0.005rad 和项目设计要求。

④通过伸缩装置竖向转角试验,装置竖向转角量为±0.02rad,转角偏差为0.003rad,满足交通行业标准《单元式多向变位梳形板桥梁伸缩装置》(JT/T 723—2008)中竖向容许转角偏差小于或等于0.005rad 和项目设计要求。

⑤通过伸缩装置剪切变形试验,装置剪切变形量为±5mm,满足项目设计要求。

⑥通过伸缩装置拉伸、压缩试验、横向转角试验、竖向转角试验和剪切变形试验,装置各测点的竖向最大偏差值为0.855mm,满足《单元式多向变位梳形板桥梁伸缩装置》(JT/T 723—2008)中最大竖向偏差小于或等于1.3mm 之间的变形均匀性要求。

⑦通过伸缩装置静力荷载试验、减振性能试验、抗冲击性能试验、连接部件抗多次冲击性能试验,装置在最不利工况下(最不利变形状态+最不利轮载作用)的最大应力均小于材料容许应力,最大竖向位移为2.7mm,满足项目设计伸缩装置构造不平顺值小于10mm 的设计要求。

⑧通过伸缩装置减振性能试验,整个装置系统有一定的减振能力,竖向力传感器的合力均小于施加的外荷载。对应于7Hz 以上的加载频率,传振系数均小于0.5,满足项目设计要求。

⑨通过实车跑行试验,装置最大应力均小于材料容许应力,最大竖向变形位移为8.0mm;车辆通过伸缩装置时的噪声与通过两侧路面时的噪声相比较,因伸缩装置而增加的噪声不超过3.5dB。

6.4 芜湖长江公路二桥

6.4.1 工程概况

芜湖长江公路二桥是中国安徽省芜湖市境内连接无为县与三山区的过江通道,位于长江水道之上,是安徽省高速公路网规划"四纵八横"中"纵二"的一段,也是连接安徽省长江两岸的又一座快速通道。

芜湖长江公路二桥(图6.10)北起无为东互通,上跨长江水道,三山互通;线路全长55.512km,主桥长1622m;桥面设计为双向六车道高速公路,设计速度为100km/h。芜湖长江公路二桥主桥为全漂浮体系斜拉桥,结构形式独特,塔柱是以独柱形式穿出桥面,用索塔下横梁进行索塔区梁段临时锚固难度大。芜湖长江公路二桥获得了2018年第35届国际桥梁大会(IBC)乔治·理查德森奖。

图6.10 芜湖长江公路二桥

芜湖长江公路二桥于2013年6月28日动工兴建,2017年10月6日完成主桥合龙,大桥全线贯通,2017年12月30日通车运营。

6.4.2 伸缩装置应用情况

芜湖长江公路二桥的跨江主桥及引桥长13.982km,北岸接线长20.778km、南岸接线长20.748km。主桥采用骑缝式(QFB)1760型多向变位桥梁伸缩装置,如图6.11所示。

图6.11 芜湖长江公路二桥主桥的1760型多向变位桥梁伸缩装置

引桥采用160型、240型、320型单元式多向变位梳齿板桥梁伸缩装置,如图6.12所示。芜湖长江公路二桥的引桥采用了特殊设计的无过渡混凝土型多向变位桥梁伸缩装置。

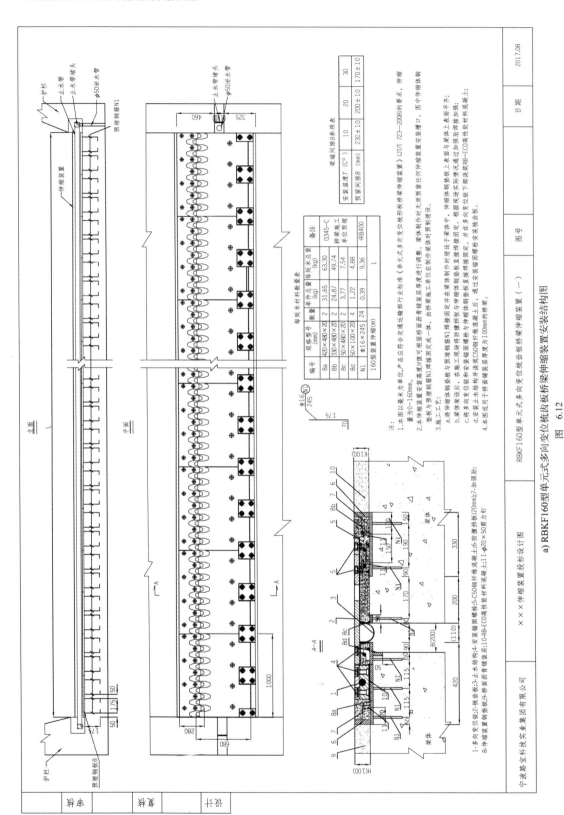

图 6.12 RBKF160型单元式多向变位梳齿板桥梁伸缩装置安装结构图

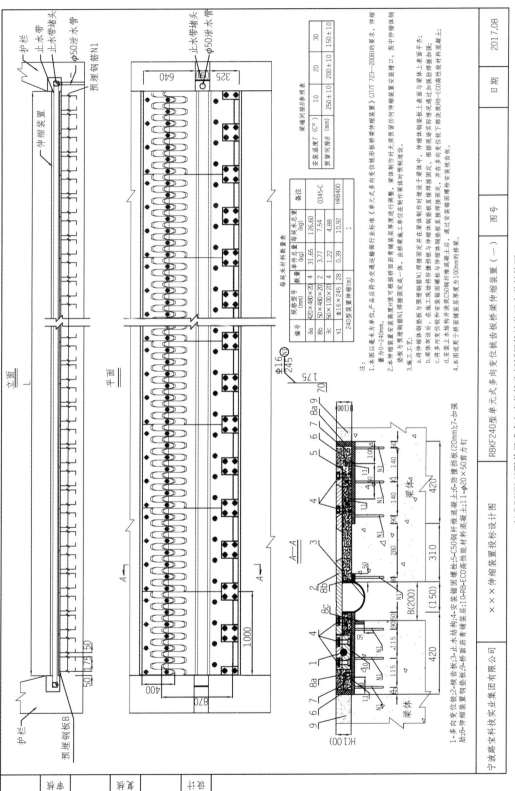

b) RBKF240型单元式多向变位梳齿板桥梁伸缩装置安装结构图

图 6.12

公路桥梁单元式多向变位伸缩装置

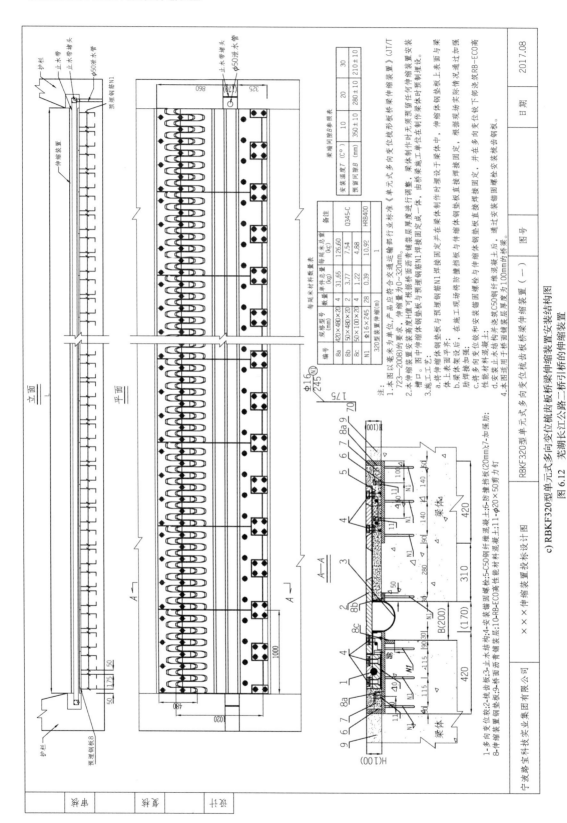

c) RBKF320型单元式多向变位梳齿板桥梁伸缩装置投标设计图

图 6.12 芜湖长江公路二桥引桥的伸缩装置

6.5 南沙大桥

6.5.1 工程概况

南沙大桥(图6.13)是中国广东省境内一座连接广州市南沙区与东莞市沙田镇的跨海大桥,位于珠江狮子洋之上,为广州—龙川高速公路的西端部分。

图6.13 南沙大桥

南沙大桥西起广州市东涌立交,上跨狮子洋入海口,东至东莞市沙田立交;大桥全长12.891km;桥面为双向八车道高速公路,设计速度100km/h;工程项目总投资额111.8亿元人民币。南沙大桥工程全线由七座引桥、三处互通立交桥和两座超千米级特大跨通航悬索桥组成,其中坭洲水道桥是一座双塔非对称式(东端无悬索结构)两跨连续钢箱梁悬索桥,主跨1688m、西边跨658m、东跨522m;大沙水道桥为一座单跨简支钢箱梁悬索桥,单跨1200m。南沙大桥是继港珠澳大桥之后,珠江三角洲上又一座世界级桥梁。

南沙大桥于2013年12月28日动工建设,2018年11月20日完成合龙,2019年4月2日建成通车。

6.5.2 伸缩装置应用情况

南沙大桥中的坭洲水道桥是一座特大跨径钢箱梁悬索桥,桥跨布置为(658 + 1688 + 522)m = 2858m。坭洲水道桥在温度变化、车辆、风荷载等作用下,桥梁端部位移除了常规的纵向伸缩、横向转动、竖向转动等三种变位外,还有横向摆动、竖向移动、绕桥轴向扭转等多种形式。桥梁伸缩装置的具体设计技术参数要求如表6.2所示。

坭洲水道桥桥梁伸缩装置技术参数   表6.2

伸缩量 (mm)	顺桥向 (mm)	水平面内转角 (rad)	竖向平面内转角 (rad)	横向设计位移 (mm)	竖向设计位移 (mm)	绕桥轴线向扭转 (rad)
2640	±1320	0.025	±0.03	±100	±100	±0.01

为了适应上述对伸缩装置的技术要求,坭洲水道桥采用了自适应多维耦合梳齿板伸缩装置,该伸缩装置由多向变位铰、跨缝板、伸缩梳形板、锚固结构等组成,其结构如图6.14所示,其特点如下:

公路桥梁单元式多向变位伸缩装置

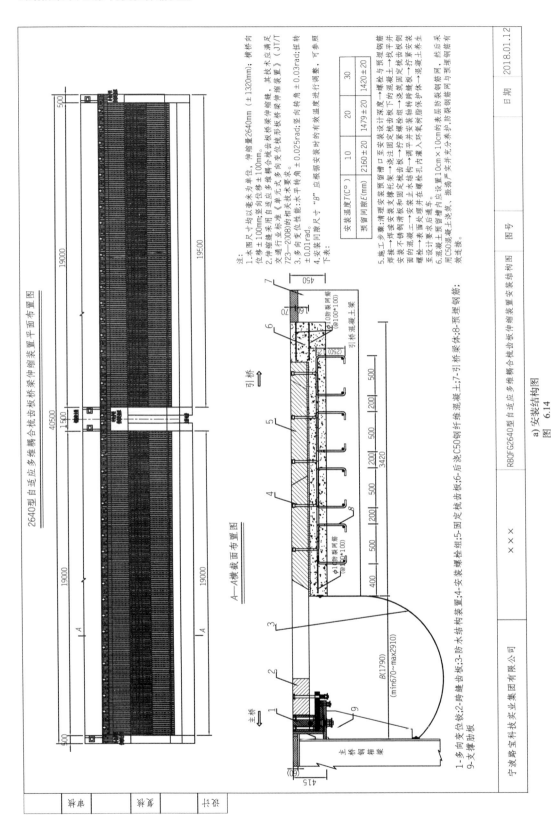

a) 安装结构图

图 6.14

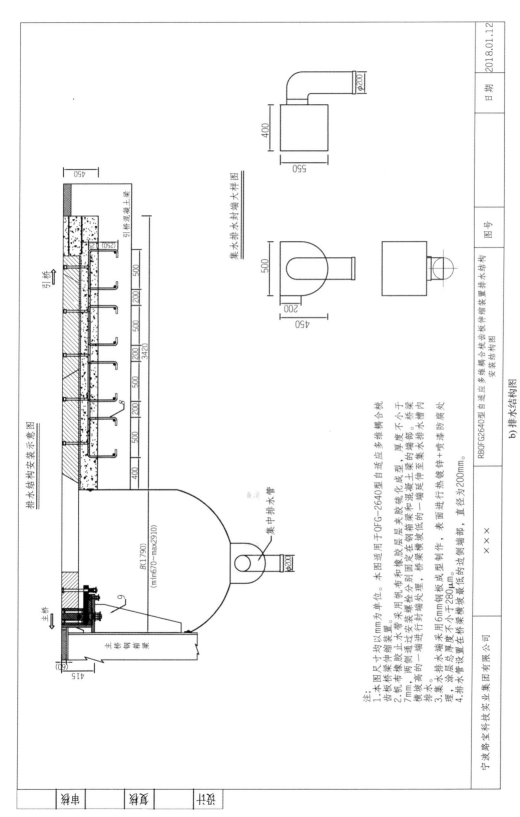

图 6.14 坭洲水道桥桥梁伸缩装置结构图
b) 排水结构图

（1）通过变位铰构造，主动适应桥梁的竖向、水平、扭转等多向变位运动，解决了长大型、抗风型桥梁的多向变位和装置的抗疲劳难题；

（2）模块式设计，化整为零，通过每米一块的单元适应大变形，对于宽主梁有优势；

（3）独立组件，易于更换安装，维修时只要求横桥向有 3m 宽的作业面，可以对损坏的模块单独拆装更换。

根据圻洲水道桥的设计要求，梁端的横向位移设计为 ±100mm，为此，桥梁伸缩装置厂商创新性地在伸缩装置多向变位铰的下部增加了一个横向滑移结构，如图 6.15 所示，从而满足了大跨径悬索桥端部的横向变位需求。

施工中、施工后的圻洲水道桥桥梁伸缩装置如图 6.16 所示，自 2019 年 4 月桥梁通车以来，服役状况良好。特别是 2020 年 5 月 5 日下午至 6 日中午，圻洲水道桥在大风下发生了较大幅度的低频振动，桥梁伸缩装置很好地适应了这种振动，确保了通行车辆的安全性。

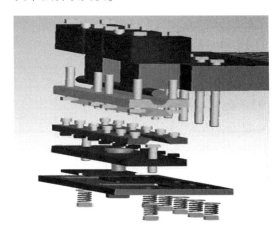

图 6.15 桥梁伸缩装置横向滑移结构示意图

a) 施工中

b) 施工后

图 6.16 圻洲水道桥桥梁伸缩装置现场图

6.6 五峰山长江大桥

6.6.1 工程概况

五峰山长江大桥（图 6.17）位于中国江苏省镇江市境内，连接丹徒区与京口区的过江通道，位于长江水道之上，是连镇高速铁路跨越长江的关键工程，也是江都—宜兴高速公路（S39）跨越长江的工程。

图 6.17　五峰山长江大桥

五峰山长江大桥为公铁两用大桥,大桥上层为双向八车道高速公路,设计速度为 100km/h,下层为双向四线高速铁路,设计速度为 250km/h;项目总投资 67.89 亿元人民币。大桥全长 6.409km,其中主桥长 1.432km,主桥跨度布置为(84+84+1092+84+84)m=1428m,主梁为板桁结合钢桁梁,是世界上荷载和设计速度均为第一的公铁两用悬索桥。

五峰山长江大桥于 2015 年 10 月 28 日动工兴建,2019 年 12 月 26 日完成主桥合龙,大桥全线贯通,2020 年 12 月 11 日铁路桥投用运营。

6.6.2　伸缩装置应用情况

五峰山长江大桥主桥两侧均采用单元式多向变位桥梁伸缩装置,伸缩量为 ±880mm,共 2 道,每道长为 40.50m,合计 81.00m。伸缩装置主要由多向变位铰、跨缝板和固定伸缩梳齿板组成,其他附件包括安装螺栓组、防水结构等。该伸缩装置在排水、低温、监控方面有新的改进,其结构如图 6.18 所示。

五峰山长江大桥为公铁两用桥梁,伸缩装置在下部设置了双层止水、防尘结构,如图 6.19 所示,以保证运营中的铁路安全。第一层止水结构采用帆布橡胶止水带,止水带由帆布与氯丁橡胶相互夹胶硫化成型,厚度为 10mm,物理机械性能满足《公路桥梁伸缩装置通用技术条件》(JT/T 327—2016)有关规定。止水带结构通过 M12 不锈钢螺栓和安装压板通长固定在两侧梁端上,具有良好的耐久性能和承载能力,设计承载力为不小于 30kN,施工中可作为作业平台使用,后期维护中施工人员在配备安全带的情况下,也可在止水带上进行施工作业。止水带结构全封闭,因此在施工、运营、养护、更换过程中,上部的任何垃圾或结构件均被止水带兜住,不影响下部铁路的正常运行。现场安装时,在桥梁中央分隔带设置检修人孔,施工人员由此直接进入到止水带上,进行相应的施工作业。第二层止水结构是设置在帆布橡胶止水带下部的 3mm 厚的不锈钢隔离板,进一步确保雨水及垃圾不会对下部铁路运营带来影响。为防止安装螺栓松动脱落,两侧止水带固定螺栓采用不锈钢螺栓,并设置开口销固定。

为防止极端低温天气而导致导水管内结冰堵塞,五峰山长江大桥的伸缩装置进行了防结冰设计,在导水管的外壁上缠绕自限温伴热带和铝箔胶带,如图 6.20 所示。在低温天气时,可对伴热带进行通电加热,确保导水管不会结冰。

公路桥梁单元式多向变位伸缩装置

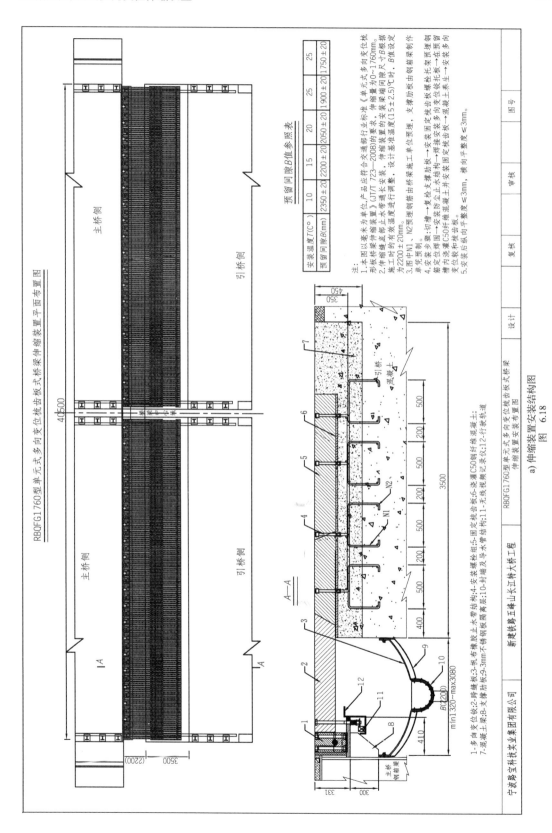

a) RBQFG1760型单元式多向变位梳齿板式桥梁伸缩装置安装结构图

图 6.18

第6章 单元式多向变位伸缩装置的工程应用

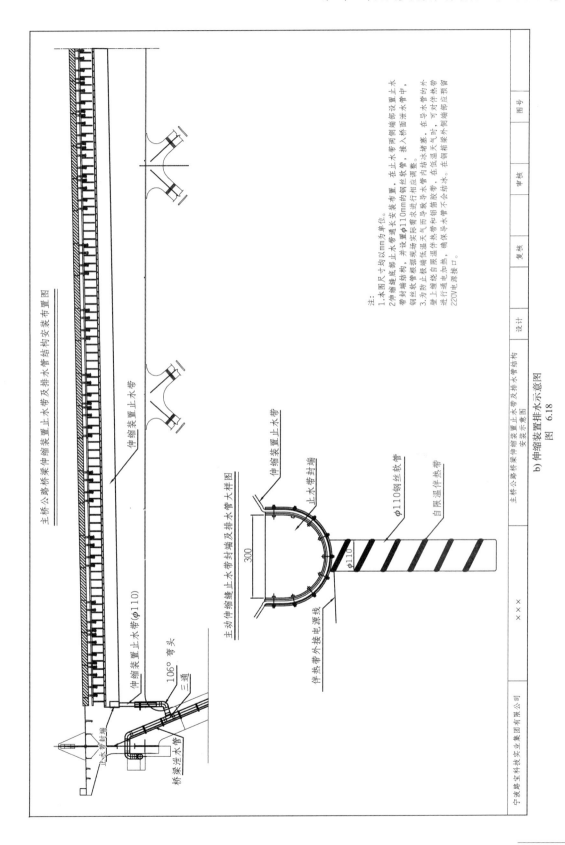

b) 伸缩装置排水示意图

图 6.18

c) 五峰山长江大桥伸缩装置施工

图6.18 五峰山长江大桥桥梁伸缩装置的设计与施工

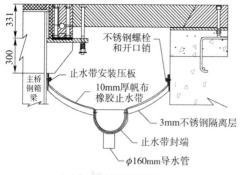
a) 止水、排水结构截面图

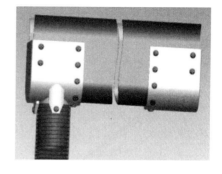
b) 止水带、排水管外表面图

图 6.19　五峰山长江大桥伸缩装置止水排水结构(尺寸单位:mm)

a) 自限温伴热带缠绕施工

b) 保温铝箔缠绕施工

图 6.20　五峰山长江大桥伸缩装置排水管防结冰施工

为实现对伸缩装置运营状态的实时监控,五峰山长江大桥设计了智能的监测系统(图 6.21)。在伸缩装置下部的支撑平台端部,安装一台无线自行走视频记录仪和相应的行驶轨道。通过操作系统可以远程控制视频记录仪沿轨道行驶,沿线实时观察伸缩装置的运行状态,检查伸缩装置下部是否存在积水、是否需要进行垃圾清理等。

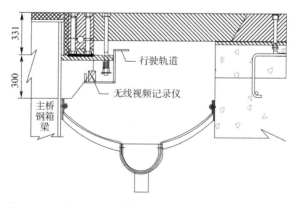

图 6.21　五峰山大桥伸缩装置的视频实时监控(尺寸单位:mm)

6.7 张靖皋长江大桥

6.7.1 工程概况

张靖皋长江大桥(图6.22)位于中国江苏省境内,横跨张家港、靖江、如皋三个市,在张家港和如皋境内跨越长江,跨江段及引桥采用双向八车道,设计速度100km/h,路基宽度42.0m,桥梁净宽2×18.75m。张靖皋长江大桥采用主跨为2300m双塔钢箱梁悬索桥跨越长江主航道,成为世界最大跨径的桥梁。

图6.22 张靖皋长江大桥——在建世界最大跨径悬索桥(效果图)

张靖皋长江大桥于2022年6月28日动工兴建,预计于2028年建成。建成后将创下六个世界之最:世界最大跨径悬索桥;世界最高悬索桥索塔;世界最长高强度主缆;世界最大地连下连续锚碇基础;世界最大连续长度钢箱梁;世界最大位移量桥梁伸缩装置。

6.7.2 伸缩装置的设计

大桥南航道桥主桥的梁跨为(2300+717)m,采用钢箱梁悬索桥非对称结构设计,在汽车活载、温度、风力、偏照和偏载等作用下,将导致主桥梁体产生纵桥向、横桥向、竖桥向位移和竖向、水平向、扭转变位,且成多维耦合运动状态。桥梁伸缩装置在满足梁体纵向位移的同时,还要重点考虑梁体多维耦合变位对装置带来的影响。

因此,为张靖皋长江大桥研究设计了超大跨径缆索承重桥梁大变位自适应多维耦合伸缩装置,结合桥梁动力特性分析,设置了多维耦合变位铰结构,可同时适应梁体的纵、横、竖向位移和竖向、水平转角及扭转变位。技术特性和参数如下:

(1)最大纵桥向伸缩位移量可达到3120mm(±1560mm),是世界第一大纵向位移量的桥梁伸缩装置。

(2)满足了自适应多维耦合变位性能要求,装置配有的自适应多维耦合变位铰结构主要由上、中、下三部分组成。上部由竖向转轴和上下轴座等结构组成,可自主适应梁体的竖向转角变位要求,最大可达到±0.06rad。中部由横向位移滑槽等结构组成,可自主适应梁体的横向位移要求,横桥向位移量为±100mm。下部由支承平台和水平转轴等结构组成,可自主适应梁体的水平向转角变位要求,最大可达到±0.06rad。在梁体水平向和竖向转角均达到 0.04rad 的耦合转动变位条件下,伸缩装置的转角和纵、横向位移变位仍然平顺。

(3)采用细齿结构,并设置了防翘限位滑动副,有效解决了梳齿防陷及防翘齿问题。

(4)采用标准单元模块化设计,各单元之间相互独立,可对每个单元块进行维护更换,便于管养更换。

6.7.3 伸缩装置的试验检测

为了进一步分析和检验伸缩装置各部件的受力状况,保证伸缩装置的使用可靠性和耐久性,进行了变位性能检测、承载性能和抗冲击疲劳性能检测试验验证。

6.7.3.1 变位性能检测

通过模拟试验验证研究开发的 3120 型超大跨径缆索承重桥梁大变位自适应模块式伸缩装置的水平转角、竖向转角、固定梳齿板侧水平转角和水平转角与竖向转角耦合状态下的运动性能,验证设计方案的可靠性。

检测结果为:实测伸缩装置的总伸缩量为 3120mm(±1560mm),实测最大水平转角为 ±0.06rad,实测最大竖向转角为 ±0.06rad,水平和竖向实测转角同时达到 0.04rad 的耦合转动条件下伸缩装置的转角和纵向位移平顺,符合设计要求。张靖皋长江大桥伸缩装置的变位性能试验检测如图 6.23 所示。

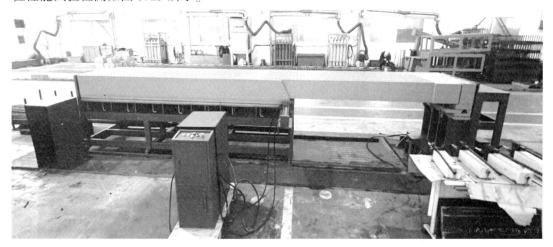

图 6.23 张靖皋长江大桥伸缩装置的变位性能试验检测

6.7.3.2 承载性能(静载性能)检测

检验伸缩装置的承载性能(应力和竖向挠度)是否满足标准要求(图6.24)。

图6.24 张靖皋长江大桥伸缩装置的承载性能试验检测

检测结果表明,竖向挠度为1.5mm(表6.3),满足相关标准要求。

张靖皋长江大桥承载性能(静载)试验检测结果　　表6.3

试样编号	YP-2023-SSF-0165		
检测项目	标准要求	检测结果	单项判定
竖向挠度(mm)	≤3120/600	1.5	合格
备注	—		

6.7.3.3 抗疲劳冲击性能检测

在3种不同的工况下,分别进行了200万次的抗疲劳加载试验,检测产品是否出现疲劳裂纹,是否满足相关规范的要求。检测结果表明,冲击600万次后,产品未出现疲劳裂纹,检测结果满足相关规范的要求(图6.25)。

图6.25 张靖皋长江大桥3种不同工况下的抗冲击疲劳试验检测

6.8 各类城市高架桥

自2002年以来,单元式多向变位梳齿板式伸缩装置已经广泛应用于全国各地的城市高架桥上。特别是2008年以后,宁波路宝科技实业集团有限公司推出了环保降噪型多向变位伸缩装置,深受各大城市的桥梁建设单位欢迎,其减振降噪的效果获得了高架桥周边群众的认可。

单元式多向变位梳齿板式伸缩装置已经在多个城市的高架桥上应用,如图6.26所示,包括宁波绕城高速公路高架桥工程、合肥市城市高架桥工程、沈阳市城市高架桥工程、西安咸阳机场高速公路工程、长春市城市高架桥工程、成都市城市高架桥工程、武汉市城市高架桥工程、上海环城高架桥工程等,伸缩装置使用量近200万延米。十多年来,在正常交付运营的工程中,维修更换量不足万分之一。由于单元式多向变位梳齿板式伸缩装置在新建高架桥上的成功应用,近年来,许多既有高架桥的改造工程也选用了单元式多向变位梳齿板式伸缩装置。

a) 西安咸阳机场高速公路工程

b) 长春市城市快速路工程

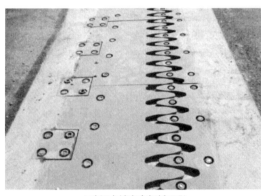
c) 武汉市城市高架桥工程

d) 合肥市城市高架桥工程

e) 成都市城市高架桥工程

f) 上海市城市高架桥工程

图 6.26

g) 青岛胶东机场　　　　　　　　　　　　　　h) 郑州四环线

图 6.26　单元式多向变位梳齿板式伸缩装置在城市高架桥上的应用

6.9　单元式多向变位伸缩装置在房屋建筑上的应用

6.9.1　工程概况

单元式多向变位伸缩装置不仅可以应用于桥梁,也可以用于房屋建筑,用以适应建筑物各部分之间的不均匀变形。阿尔及利亚嘉玛大清真寺即采用单元式多向变位梳齿板式伸缩装置来适应其在地震作用下的不均匀变形(图 6.27)。嘉玛大清真寺单元式多向变位伸缩装置结构图见图 6.28

图 6.27　嘉玛大清真寺

第6章 单元式多向变位伸缩装置的工程应用

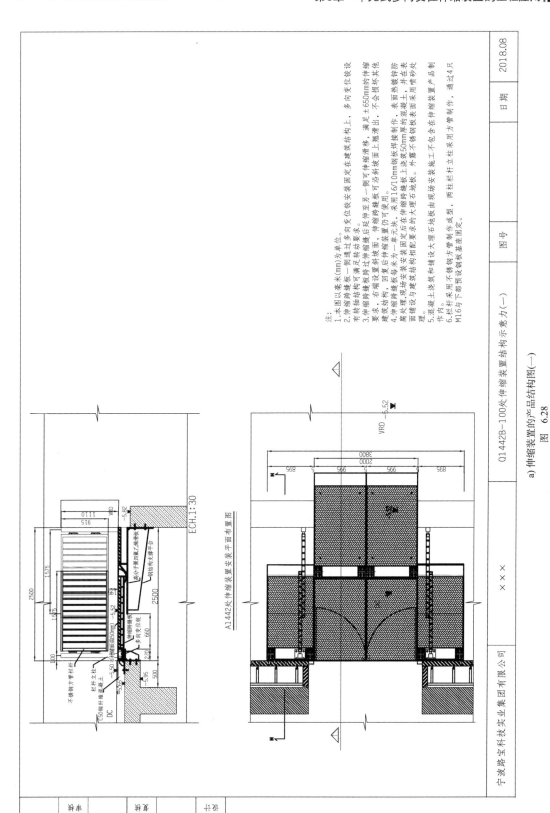

图 6.28 伸缩装置的产品结构图(一)
a) Q1442B-100水伸缩装置结构示意力(一)

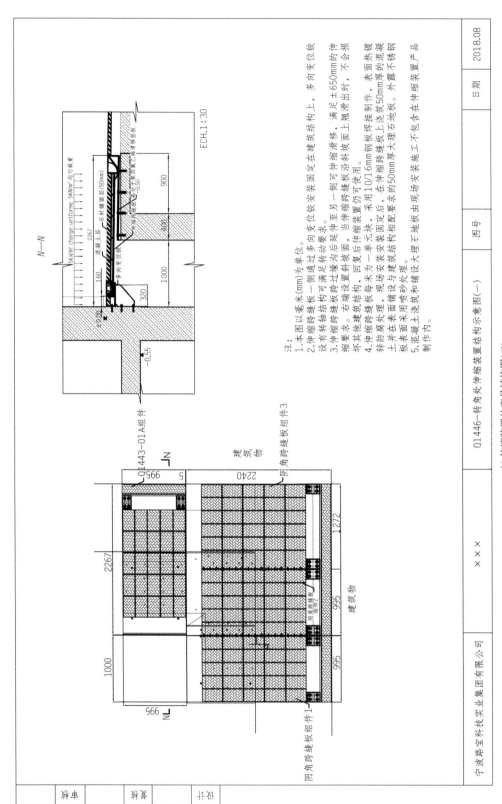

图 6.28 嘉玛大清真寺单元式多向变位伸缩装置结构图
b) 伸缩装置的产品结构图(二)

6.9.2 伸缩装置应用情况

嘉玛大清真寺是非洲第一高楼、世界第三大清真寺,该清真寺总建筑面积达 40 万 m^2,包括宣礼塔、祈祷厅、伊斯兰学院、图书馆及文化中心等 12 座建筑,可容纳数万人。但是,该清真寺位于地中海—喜马拉雅地震带上,因此,嘉玛大清真寺的建设中极其重视抗震,它的地震设计回归周期是 1000 年,换算成国内标准,抗震设防烈度高于国内的 9 度大震设防,比上海中心、广州塔这些著名摩天大楼的设防等级还要高。

为了适应地震造成的不均匀位移,嘉玛大清真寺周边一圈设置了抗震伸缩装置,该伸缩装置由宁波路宝科技实业集团有限公司特殊设计,是单元式多向变位梳齿板式伸缩装置在大型建筑伸缩缝上的成功应用。嘉玛大清真寺所用伸缩装置由跨缝移动部件、保护转动部件、爬升部件、滑移部件、防护组件、固定支撑部件等组成,可以满足抗震设计要求的纵向、垂直、横向等多向变位功能。

1)纵向位移功能

当大型建筑在温度变化、地震等外力作用下,沿建筑物方向发生纵向位移时,能够通过伸缩装置中的跨缝移动部件与固定支撑部件之间的滑移,使该建筑物能够适应这种纵向位移,而不至于产生损坏。

2)垂直转角功能

当建筑物在温度变化、地震等外力作用下,产生垂直转角需求时,伸缩装置能够以转动保护部件为中心,让跨缝移动部件进行垂直转动,从而使伸缩装置所在的建筑物能够适应这种垂直转动,不至于产生结构损坏。

3)横向位移功能

当建筑物因为温度、地震、台风等外力作用,产生横向位移的需求时,伸缩装置的跨缝移动部件能够通过与固定支撑部件之间的滑移、适应这种横向位移需求,同时具有消除能量、保护伸缩装置、保护建筑物的作用。

嘉玛大清真寺伸缩装置实景照片如图 6.29 所示。

图 6.29 嘉玛大清真寺伸缩装置实景照片

第 7 章

单元式多向变位伸缩装置的发展展望

随着中国改革开放之后桥梁建设的兴起,单元式多向变位伸缩装置应运而生,克服了公路桥梁伸缩装置容易损坏的技术难题,打破了国外行业巨头 100 多年来对大型桥梁伸缩装置的垄断,在中国一座座大、中、小桥梁上得到了广泛的应用。近年来,随着世界桥梁与基础设施建设的蓬勃发展,单元式多向变位伸缩装置也在不断改进创新,主要发展历程如表 7.1 所示。

单元式多向变位伸缩装置的发展进程 表 7.1

时间	事件	地点
2000 年	单元式多向变位伸缩装置发明	中国浙江
2002 年	单元式多向变位伸缩装置在杭宁高速公路上首次应用	中国浙江
2004 年	单元式多向变位伸缩装置应用于九江长江大桥的维修更换	中国江西
2004 年	单元式多向变位伸缩装置进行抗冲击疲劳检测	中国北京
2005 年	"RB 系列多向变位桥梁伸缩装置"通过科技成果鉴定	中国宁波
2006 年	"LB 模块式多向变位桥梁伸缩装置"获中国公路学会科学技术一等奖	中国北京
2006 年	"LB 多向变位桥梁伸缩装置"获 2005 年度宁波市科学技术进步奖一等奖	中国浙江
2007 年	杭州湾跨海大桥全线采用单元式多向变位伸缩装置	中国浙江
2007 年	单元式多向变位伸缩装置获得国家技术发明二等奖	中国北京
2007 年	RB 模块式多向变位桥梁伸缩装置获 2007 年度浙江省加快发展装备制造业重点领域国内首台(套)产品	中国浙江
2007 年	RB(LB)模块式多向变位桥梁伸缩装置获 2007 年浙江省科学技术二等奖	中国浙江
2008 年	行业标准《单元式多向变位梳形板桥梁伸缩装置》(JT/T 723—2008)颁布实施	中国北京
2008 年	RB 模块多向变位桥梁伸缩装置获国家重点新产品证书	中国北京
2009 年	单元式多向变位伸缩装置获得中国专利金奖	中国北京
2011 年	单元式多向变位梳形板桥梁伸缩装置被列入国家火炬计划项目	中国北京
2013 年	发明适用于刚性铰构造的单元式多向变位伸缩装置用于嘉绍大桥	中国浙江
2014 年	多塔斜拉桥关键技术研究获中国公路学会科学技术特等奖	中国北京
2015 年	单元式多向变位桥梁伸缩装置获 WIPO 世界知识产权组织发明奖	中国北京
2017 年	刚性铰桥梁伸缩装置及其技术研发获宁波市科学技术二等奖	中国浙江
2017 年	发明无混凝土型单元式多向变位伸缩装置用于芜湖长江公路二桥	中国安徽

续上表

时间	事件	地点
2017年	港珠澳大桥中97%的伸缩装置采用单元式多向变位伸缩装置	中国广东
2018年	嘉玛大清真寺大规模采用抗震型单元式多向变位伸缩装置	阿尔及利亚
2019年	已建全球最大伸缩量(2640mm)的自适应多维耦合伸缩装置应用于南沙大桥	中国广东
2019年	单元式多向变位伸缩装置用于公铁两用的五峰山长江大桥	中国江苏
2019年	单元式多向变位桥梁伸缩装置获交通运输重大科技创新成果库入库成果证书(科技成果推广项目)	中国北京
2020年	路宝获国家制造业单项冠军示范企业	中国北京
2020年	"ROABY"商标获中国驰名商标称号	中国北京
2021年	宁波路宝科技实业集团有限公司获国家服务型制造示范企业	中国北京
2023年	宁波路宝科技实业集团有限公司获国家知识产权优势企业	中国北京
2023年	浙江制造"品字标"认证	中国浙江
2024年	团体标准《连梁锚固防冲击梳齿伸缩装置》(T/CHCA 001—2024)颁布实施	中国北京
2024年	"新型聚氨酯路面和特大桥自适应多维耦合变位装置关键技术及应用"获2023年度中国公路学会科学技术一等奖	中国北京
2024年	中标世界最大跨径张靖皋长江大桥的伸缩装置,伸缩量达3120mm,为全球最大	中国江苏
2008—2024年	单元式多向变位伸缩装置广泛用于高速公路、城市高架,工程量超200万延米	中国各地

展望未来,单元式多向变位伸缩装置还需要进一步创新,追随21世纪土木工程的蓬勃发展。

(1)更大跨径的桥梁建设已经列入世界桥梁发展计划,主跨3300m的意大利墨西拿海峡大桥已完成设计报告,中国横跨琼州海峡、渤海海峡的通道正在规划,中国台湾海峡通道,美洲与亚洲之间的白令海峡通道也在构想。因此,超大跨径桥梁的建设,包括1500米级斜拉桥、3000~5000米级悬索桥的设计和建设将在21世纪展开。新一代的单元式多向变位伸缩装置将能够满足这些世纪工程的严格要求。

(2)抗震型桥梁伸缩装置日益引起重视,桥梁结构是交通生命线的重要枢纽,在地震发生后更是承担着运输救灾人员和物资的重要职责,因此要求相应的桥梁伸缩装置具有一定的抗震性能,不仅需要承受地震作用而不损坏,而且还需要保持一个连续、平顺的交通支撑面,以确保震后救灾车辆的通行。为此,需要研制能够适应地震动位移、吸收地震能量、防止落梁的伸缩装置,还需要具有震后易修复的特点。

(3)装配式、多功能日益成为土木工程结构的基本要求,桥梁伸缩装置也应该跟上步伐,发展装配式结构与技术,进一步拓展可调高度功能、增加快速维防型产品,从而实现施工更快速、功能更全面的现代化目标。

①装配化设计是一种新型的安装工艺,可以极大缩短伸缩装置的安装周期,延长伸缩装置的安装精度,延长伸缩装置的使用寿命。装配式伸缩装置安装示意图如图7.1所示。

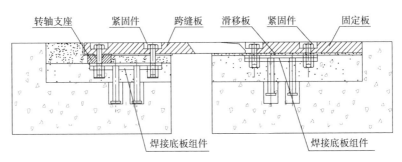

图 7.1 装配式伸缩装置安装示意图

②安装高度可调结构,下部结构采用预埋套筒,上部结构采用螺栓、螺杆。摊铺前先安装下部预埋套筒,之后根据实际铺装厚度,调节安装上部梳齿板结构。

(4)智能化已经成为当今土木工程的发展趋势,桥梁与结构工程不仅要安全可靠,还需要智能高效。为此,单元式多向变位伸缩装置也需要具有健康监测、疲劳评估、全寿命高效运营的新特征。

桥梁伸缩装置的健康监测系统,为实时监测桥梁伸缩装置的工作状态、及时发现故障、提高伸缩装置以及桥梁结构的工作寿命打下了基础。图 7.2 为其安装示意图。

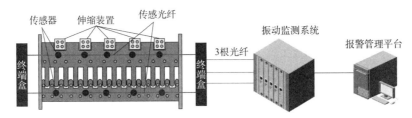

图 7.2 健康监测安装示意图

(5)低碳环保已经成为 21 世纪全球经济发展的必要条件,单元式多向变位伸缩装置可以在环保材料、施工工艺、减振降噪等多方面加以改进,不仅提供性能更可靠、品质更优良、使用寿命更长的桥梁伸缩装置,而且要为创建环境友好的桥梁与结构工程提供高科技助力。

附录 A

国家技术发明二等奖

附录 B

中国专利金奖

附录 C

交通运输部科技成果推广项目

交通运输重大科技创新成果库入库成果证书
科技成果推广项目

成 果 名 称：单元式多向变位梳形板桥梁伸缩装置

成 果 编 号：2019TG002

主要完成单位：宁波路宝科技实业集团有限公司

中华人民共和国交通运输部
2019年11月

交通运输部科技管理信息系统（http://219.143.235.48/jt）

附录 D

世界知识产权组织 WIPO 最佳发明奖

WIPO MEDAL FOR INVENTORS

CERTIFICATE

We hereby certify that

Xu Bin

is awarded the WIPO MEDAL FOR INVENTORS

For his invention: A Very Large Flexibility Distortion Resistive Comb-type Bridge Expansion Joint

Presented at the 21st National Invention Exhibition, Yongkang, Zhejiang

Organized by the China Association of Inventions

Beijing
October 2015

Francis Gurry
Director General
WIPO

附录 E

2023 年度中国公路学会科学技术一等奖

中国公路学会科学技术奖
证 书

为表彰中国公路学会科学技术奖获得者，特颁发此证书。

项目名称：新型聚氨酯路面和特大桥自适应多维耦合变位装置关键技术及应用

奖励等级：一等

获奖者：宁波路宝科技实业集团有限公司

2024年1月9日

证书号：A23-1-013-001

附录 F

浙江省科学技术二等奖

附录 G
国家重点工业新产品

国家重点新产品证书

项目名称：RB模块式多向变位桥梁伸缩装置
承担单位：宁波路宝科技实业集团有限公司
批准机关：科学技术部

项目编号：2008GRC22009
发证时间：二〇〇八年十一月
有效期：三年

附录 H
国家火炬计划项目

附录 I

国家制造业单项冠军示范企业

证 书

制造业单项冠军企业

(2024年—2026年)

企业名称：宁波路宝科技实业集团有限公司

主营产品：桥梁伸缩装置

工业和信息化部

2024年4月9日

附录 J

国家服务型制造示范企业

附录 K
国家知识产权优势企业

附录 L
中国公路学会科学技术特等奖

为表彰中国公路学会科学技术奖获得者，特颁发此证书

项目名称：多塔斜拉桥关键技术研究

奖励等级：特等

获 奖 者：宁波路宝科技实业有限公司

证书号：A14-T-003-008

附录 M

浙江制造"品字标"认证

附录 N

宁波市科学技术二等奖

附录 O

宁波市科学技术进步一等奖

参 考 文 献

[1] LIMA J M, BRITO J D. Inspection survey of 150 expansion joints in road bridges[J]. Engineering Structures, 2009, 31(5):1077-1084.
[2] LIMA J M, BRITO J D. Management system for expansion joints of road bridges[J]. Structure and Infrastructure Engineering, 2010, 6(6):703-714.
[3] SCHILLING C G. Impact Factors for Fatigue Design[J]. Journal of the Structural Division, 1982,108(ST9):2034-2044.
[4] ZI G, ZHU X. Asymmetric vibration of finger-type bridge expansion joint for design consideration[J]. Engineering Structures,2014,70:53-62.
[5] 徐日昶,路春和.林区桥梁动荷载冲击系数的试验研究[J].东北林业大学学报,1989(2):68-75.
[6] 刘晓明,赵明华,黎大志.基于整车模型的桥头路面动力荷载分析[J].公路交通科技,2007(7):39-43.
[7] DING Y,ZHANG W,AU F T K. Effect of dynamic impact at modular bridge expansion joints on bridge design[J]. Engineering Structures,2016,127:645-662.
[8] GHIMIRE J P,MATSUMOTO Y,YAMAGUCHI H. Numerical investigation of noise generation and radiation from an existing modular expansion joint between prestressed concrete bridges[J]. Journal of Sound and Vibration,2009,328(1-2):129-147.
[9] 张纬,金涛,丁勇,等.基于34座桥梁实测的城市桥梁噪声分析[J].城市环境与城市生态,2015(5):42-46.
[10] 郦正能.工程断裂力学[M].北京:北京航空航天大学出版社,1983.
[11] 张安哥.疲劳、断裂与损伤[M].成都:西南交通大学出版社,2006.
[12] 李舜酩.机械疲劳与可靠性设计[M].北京:科学出版社,2006.
[13] 殷之平.结构疲劳与断裂[M].西安:西北工业大学出版社,2012.
[14] 张玉玲.大型铁路焊接钢桥疲劳断裂性能与安全设计[D].北京:清华大学,2005.
[15] 张玉玲,潘际炎,张建民,等.芜湖长江大桥钢梁细节疲劳强度的研究[J].中国铁道科学,2001,22(5):15-21.
[16] 赵亚敏.超载运输对钢筋混凝土桥梁疲劳性能的影响研究[D].长沙:中南大学,2007.
[17] 朱劲松,朱先存.钢筋混凝土桥梁疲劳累积损伤失效过程简化分析方法[J].工程力学,2012,29(5):107-114.
[18] 曹开胜.钢筋混凝土桥梁疲劳损伤分析研究[D].大连:大连理工大学,2012.
[19] 任伟平.焊接钢桥结构细节疲劳行为分析及寿命评估[D].成都:西南交通大学,2008.
[20] 李芹子.公路钢结构桥梁抗疲劳设计方法研究[D].西安:长安大学,2014.

[21] CROCETTI R, EDLUND B. Fatigue performance of modular bridge expansion joints[J]. Journal of Performance of Constructed facilities, 2003, 17(4):167-176.

[22] STEENBERGEN M J M M. Dynamic response of expansion joints to traffic loading[J]. Engineering Structures, 2004, 26(12):1677-1690.

[23] 梁爱军. 模数式伸缩缝疲劳寿命评估及其更换施工分析[J]. 公路交通科技:应用技术版, 2011(4):236-239, 247.

[24] 铁明亮. 桥梁伸缩装置与支座全寿命研究[D]. 西安:长安大学, 2010.

[25] 喻聪聪. 毛勒式桥梁伸缩装置的疲劳破坏分析及寿命估算[D]. 湘潭:湖南科技大学, 2014.

[26] 张一卓. 桥梁伸缩装置疲劳破坏分析和寿命估算[D]. 西安:长安大学, 2005.

[27] CHAALLAL O, SIEPRAWSKI G, GUIZANI L. Fatigue performance of modular expansion joints for bridges[J]. Canadian Journal of Civil Engineering, 2006, 33(8):921-932.

[28] 王立成, 王清湘, 司炳君, 等. 模块型桥梁伸缩缝疲劳试验研究[J]. 土木工程学报, 2004, 37(12):44-49.

[29] NORDBY G M. Fatigue of concrete-A review of research[C]//Journal Proceedings. 1958, 55(8):191-219.

[30] TEPFERS R, KUTTI T. Fatigue strength of plain, ordinary, and lightweight concrete[C]//Journal Proceedings, 1979, 76(5):635-652.

[31] HANSON J M, BALLINGER C A, LINGER D. Considerations for design of concrete structures subjected to fatigue loading[J]. ACI Journal, 1974, 71(3):97-120.

[32] OH B H. Cumulative damage theory of concrete under variable-amplitude fatigue loadings[J]. Materials Journal, 1991, 88(1):41-48.

[33] SHI X P, FWA T F, TAN S A. Flexural fatigue strength of plain concrete[J]. Materials Journal, 1993, 90(5):435-440.

[34] ZHANG B, PHILLIPS D V, WU K. Effects of loading frequency and stress reversal on fatigue life of plain concrete[J]. Magazine of concrete research, 1996, 48(177):361-375.

[35] 李永强, 车惠民. 在等幅重复应力作用下混凝土弯曲疲劳性能研究[J]. 铁道学报, 1999, 21(2):76-79.

[36] 王瑞敏, 宋玉普. 混凝土在等幅重复应力作用下的疲劳强度[J]. 工业建筑, 1992(12):8-11.

[37] 赵光仪, 吴佩刚. 高强混凝土的抗拉疲劳性能[J]. 土木工程学报, 1993, 26(6):13-19.

[38] 张小辉. 钢纤维混凝土弯曲疲劳及其损伤特性和细观强度研究[D]. 昆明:昆明理工大学, 2001.

[39] MASHIRI F R, ZHAO X L, GRUNDY P. Fatigue behaviour of thin-walled tube-to-tube Tjoints under in-plane bending[C]//Tubular Structures IX: Proceedings of the Ninth International Symposium and Euroconference, Dusseldorf, Germany, 3-5 April 2001. CRC Press, 2001:258.

[40] SAVAIDIS G, VORMWALD M. Hot-spot stress evaluation of fatigue in welded structural

connections supported by finite element analysis[J]. International journal of fatigue,2000,22(2):85-91.

[41] 贾法勇,霍立兴,张玉凤,等.热点应力有限元分析的主要影响因素[J].焊接学报,2003,24(3):27-30.

[42] 王忠.基于热点应力法的转向架关键部件疲劳寿命研究[D].成都:西南交通大学,2006.

[43] 李俊.基于热点应力法的挖掘机动臂焊缝的疲劳寿命分析[D].成都:电子科技大学,2015.

[44] 靳慧,李菁,张其林,等.铸钢节点环形对接焊缝的疲劳计算[J].同济大学学报(自然科学版),2009,37(1):20-25.

[45] 于泽通.轴向载荷作用下钢/钢螺纹联接的松动行为研究及数值模拟[D].成都:西南交通大学,2015.

[46] 白卫卫.钢轨螺栓结构优化设计及疲劳特性研究[D].天津:天津科技大学,2005.

[47] 焦晋峰.基于累积损伤及断裂力学理论的高强螺栓疲劳寿命估算[D].太原:太原理工大学,2005.

[48] 欧阳卿.高强螺栓受力及疲劳性能研究[D].长沙:湖南大学,2013.

[49] 林晓龙.高强度螺栓的应力分析及结构疲劳强度优化[D].沈阳:东北大学,2012.

[50] 张逊,姜年朝.基于ANSYS/FE-SAFE的模具联接螺栓疲劳仿真分析[J].机械工程与自动化,2008(1):23-25.

[51] 杜静,黄文,王磊,等.基于接触分析的高强度螺栓疲劳寿命分析[J].现代科学仪器,2013(1):73-77.

[52] 周昌玉,夏翔鸣,翟羽.压缩机螺栓联接结构的有限元模拟及疲劳寿命分析[J].压缩机技术,2005(6):11-13.

[53] 中国交通企业管理协会.公路桥梁伸缩装置设计指南[S].[出版地不详:出版者不详],2011.

[54] 中交公路规划设计院.公路桥涵设计通用规范:JTG D60—2015[S].北京:人民交通出版社股份有限公司,2015.

[55] GONZÁLEZ A,CANTERO D,OBRIEN E J. Dynamic increment for shear force due to heavy vehicles crossing a highway bridge[J]. Computers & Structures,2011,89(23):2261-2272.

[56] ISO. Mechanical vibration-Road surface profiles-Reporting of measured data[R]. Geneva: ISO,1995.

[57] 何世平,王家林,何琳.粘弹性介质中球形空腔嵌入层的共振特性研究[J].海军工程大学学报,2005,17(4):50-52.

[58] 龚健,邓雪松,周云.摩擦摆隔震支座理论分析与数值模拟研究[J].防灾减灾工程学报,2011,31(1):56-62.

[59] 赵宇会.泡沫填充可刚化机翼承力性能分析[D].哈尔滨:哈尔滨工业大学,2015.

[60] 朱本瑾.多塔悬索桥的结构体系研究[D].上海:同济大学,2007.

[61] 韩振勇,朱向云.奉化桥钢桥面滑动平移架设工艺的开发运用[J].天津建设科技,

2006,16(3):33-35.

[62] 中华人民共和国住房和城乡建设部.混凝土结构设计规范[M].北京:中国建筑工业出版社,2010.

[63] BALTAY P,GJELSVIK A. Coefficient of friction for steel on concrete at high normal stress[J]. Journal of Materials in Civil Engineering,1990,2(1):46-49.

[64] 王玉杰.基于离散元法的车轮与松软地面相互作用分析[D].吉林:吉林大学,2012.

[65] 中华人民共和国住房和城乡建设部.钢纤维混凝土[M].北京:中国建筑工业出版社,2015.

[66] NIEMI E. Recommendations Concerning Stress Determination for Fatigue Analysis of Welded Components. ⅡW Document ⅡW-1458-92[R].[S. l.] International Institute of Welding,1992.

[67] NIEMI E,FRICKE W,Maddox S J. Fatigue analysis of welded components:Designer's guide to the structural hot-spot stress approach[M].[S. l.]Woodhead Publishing,2006.

[68] LABESSE-JIED F,RECHO N. Contrainte géométrique de dimensionnement a la fatigue des joints soudes d'angles[J]. Soudage et techniques connexes,1999,53(1-2):25-34.

[69] LIEURADE H P,HUTHER I. Dimensionnement des assemblages soudés en mécano-soudage. Calcul à la fatigue[J]. Soudage et techniques connexes,2000,54(5-6):3-8.

[70] 中国国家标准化管理委员会.低合金高强度结构钢[S].北京:中国标准出版社,2018.

[71] 潘际炎.大跨度钢桥[J].中国铁道科学,2000,15(2):1-7.

[72] 潘际炎.铁路栓焊钢桥疲劳设计[J].建筑钢结构进展,2016,18(2):67-72.

[73] 谢建斌,何天淳,程赫明,等.循环荷载下路面用钢纤维混凝土的弯曲疲劳研究[J].兰州理工大学学报,2004,30(2):104-109.

[74] 全国螺纹标准化技术委员会(SACiTC 108).普通螺纹 基本牙型:GB/T 192—2003[S].北京:中国标准出版社,2003.

[75] 全国螺纹标准化技术委员会(SACiTC 108).普通螺纹 基本尺寸(直径1~600mm):GB/T 196—2003[S].北京:中国标准出版社,2003.

[76] 全国螺纹标准化技术委员会(SACiTC 108).普通螺纹 公差:GB/T 197—2018[S].北京:中国标准出版社,2018.